KB110596

서울은 어떻게 계획되었는가

차례
C o n t e n t s

신은 자연을, 인간은 도시를 만들었다

굮이 학문적으로 논증하지 않아도, 현대 한국 사회의 기원이 식민지기에 있음은 의심할 여지가 없다. 단적인 예로 식민지기에는 그 전에 볼 수 없었던 수많은 제도들이 도입되었다. 물론 그것들은 오늘날의 관점에서는 '효율적인 침략과 지배'를 위한 도구로 평가할 수 있지만, 당시의 관점에서는 '지배자의 질서'였을 뿐 아니라, '문명의 질서'로 수용되었다. 이를 긍정 또는 부정의 가치기준으로만 평가할 수 있을까? 아마 어려울 것이다.

도시계획은 그 대표적인 사례이다. 범박하게 정의하자면 도시계획이란 도시공간에 계획적인 압력을 가해 인위적인 변화를 일으키는 행위를 일컫는 말이다. "신은 자연을 만들었고,

인간은 도시를 만들었다"는 서양 속담이 암시하듯이, 도시계획은 자연의 정복과 개조라는 근대의 핵심적 이념과 맞닿아 있는 '인간의 합리적인 행동양식'을 의미하기도 한다.

또한 도시계획은 물리적인 행위이기도 하다. 가시적인 흔적을 남긴다는 뜻이다. 권력 주체가 바뀌면 새로운 도시계획을 입안하고 실천하지만, 과거의 흔적은 희미해질 뿐, 결코 사라지지 않는다. 흡사 나무에 나이테가 쌓이는 것처럼 시간의 흐름에 따라 도시계획의 흔적은 쌓여간다. 그리하여 그 나이테를 하나하나 살펴봄으로써 우리는 '도시의 역사'를 읽어낼 수 있는 것이다.

이제 서울의 역사로 돌아와 보자. 조선시대 유일의 도시였다는 주장이 있을 정도로 서울은 긴 시간 동안 '도시 중의 도시'였다. 왕도(王都)로서의 성스러움은 무너지고, 세속도시가 된 식민지기에도 마찬가지였다.

일제는 서울을 조선의 수도가 아닌 일본 제7의 도시로 규정했지만, 실상 서울은 비록 식민지일망정 여전히 수도였다. 일제는 서울의 도시공간을 대상으로 끊임없이 식민지 수도의 위상에 걸맞는 사업을 시행했다. 그 중에서도 1930~1940년대의 경성시가지계획(京城市街地計劃)은 서울을 대상으로 실시한 최초의 근대적인 개념의 종합도시계획으로서, 오늘날에 이르기까지 그 흔적을 뚜렷하게 찾아볼 수 있다.[1]

이 책에서는 먼저 서울도시계획의 맹아기와 경성시구개수(京城市區改修)를 통한 도시공간의 식민지적 재편 과정을 경성시가지계획의 전사로서 살펴볼 것이다. 그 다음으로 1930년대 조선에서의 도시계획법령의 제정, 경성시가지계획의 입안과 내용, 시행과정 및 결과, 새로운 주거 형성과 빈민 주거 박탈 등의 문제를 살펴볼 것이다. 그리하여 궁극적으로 서울의 도시공간에 각인된 '식민지 근대'의 역사를 환기시켜 보는 것이 이 책의 출발점이자 최종적인 문제의식이다.[2]

근대 서울도시계획의 맹아 ─ 대한제국기

조선의 개국과 더불어 수도로 정해진 서울은 지리적, 풍수적 조건과 함께 왕도정치의 이상을 담은 「주례(周禮)」의 원칙에 따라 중세도시로 조성되었다. 중세도시 서울은 대체로 남북은 자연, 동서는 성벽으로 둘러싸인 폐쇄적인 도시였다. 또한 종로 혹은 청계천을 경계로 궁궐과 관부들이 위치한 북쪽이 왕실(지배층)의 주요 공간이었다면, 남쪽은 민인(民人: 일반 백성)의 공간으로 배치되었다.

이렇게 나름의 위계에 따라 조성되어, 본질적으로 몇백 년 동안 '그대로' 유지되었던 서울의 도시공간은 조선후기 인구증가와 상업발달 등 사회경제적 변동에 따라 변화의 조짐을 보였다. 특히 18세기 영·정조대에는 민인들과 직접적인 접촉을 통해 왕권을 강화하고자 했던 정치적 의도에 따라 왕과 백성들이 만나는 지점이 조성되는 등 일정한 공간 개조의 시도가 있었다. 그러나 이러한 시도는 어디까지나 중세적 틀을 벗어나지 못한 것이었다.

도로망이라는 측면에서 서울의 중세 도시성을 잘 보여주는 것은 도심부의 간선도로들이 군사적, 풍수적 이유에 따라 서로 직교하지 않고, 어긋나게 만나도록 짜여져 있었다는 점이다. 이러한 폐쇄적 도로망이 개방적 도로망으로 전환되는 것은 교통의 원활한 흐름이라는 차원을 포함하여 여러 가지 측면에서 근대화의 뚜렷한 징표라고 할 수 있다. 그러나 서울의 도로망에는 19세기 말까지 이러한 관점의 변화가 없었다.

1876년 개항과 더불어 시작된 다양한 근대화의 논의 속에서 서울의 도시개조라는 문제도 하나의 의제로 부상했다. 여기에서 특히 주목할만한 가시적인 결과를 남긴 것은 대한제국기, 정확하게는 1896년 아관파천(俄館播遷)으로 도전세력을 제압한 고종이 이전의 본궁인 경복궁이 아니라 경운궁(덕수궁)으로 환궁을 결정하면서 시작한 도시개조사업이다.[3]

아관파천에서 대한제국 수립으로 이어지는 시기는 고종의 왕권이 그 어느 때보다 강했던 시기였다. 경운궁 환궁을 결정한 고종과 국왕의 측근 세력은 단지 궁궐 수리뿐 아니라, 새로운 본궁을 중심으로 왕권의 권위를 상징하는 기념물들을 건립 또는 배치하고 공원과 광장을 조성했으며, 무엇보다 새로운 방사상 도로망 계획을 추진했다. 이 계획은 당시 계획의 책임

자였던 내부대신 박정양, 한성판윤 이채연 등이 오랫동안 외교관으로 근무했던 위싱턴 DC의 도로망과 공간구성을 본뜬 것으로 알려져 있다. 그러나 그보다 근본적으로 이 계획에서는 궁을 교통의 기점이자 시선의 종점으로 하여 왕권(대한제국 수립 이후부터는 황제권이라고 해야 하겠지만)의 절대성을 공간적으로 각인하는 서구 절대주의 왕정의 정신이 발견된다.

이와 더불어 그 중심이 '시정(市井)'에 가까운 경운궁이었음은 주목할 만하다. 경복궁이나 창경궁, 창덕궁 등이 민인들의 생활공간과 분리되어 고고하게 고립되어 있는 공간이라면, 경운궁이나 경희궁은 민인들의 공간과 직접적으로 연결되어 있었다. 이것은 이중적인 의미를 갖는데, 한편으로 왕실이 아래로 내려와 민인들과 가까워졌음을 의미하는 것이라면, 다른 한편으로는 보다 직접적이고 철저한 대민 지배의 의지를 천명하는 것이었다. 이와 같은 도시개조사업의 방향은 대한제국 수립 이후 제반 근대화 정책의 방향을 상징적으로 보여준다.

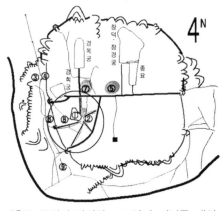

①경운궁(덕수궁) ②원구단
③독립문 ④독립공원
⑤탑골공원 ⑥시민공원(Public Park)
⑦기념비전 ⑧경성역(철도)
⑨관영공장지대(용산일대)

경운궁 중심의 방사상 도로망과 기념물 배치.

주지하다시피 대한제국은 철저히 황제권 중심의 위로부터의 근대화를 추진했는데, 이 과정은 봉건에서 근대로의 이행을 견인한 서구 절대주의를 연상케 한다.4)

대한제국기 도시개조사업의 상세한 연대기는 정확하게 알 수 없지만 적어도 1904년 러일전쟁 발발 전까지 앞에서 언급한 계획들이 추진되었음은 추정할 수 있다. 그러나 일본이 러일전쟁에서 승리함에 따라 대한제국은 보호국으로 전락하고 모든 실권은 통감부에 넘어갔다.

통감부는 '시가정리'라는 이름으로 대한제국의 사업과는 별개로 도시개조를 추진했다. 이는 강제병합 이후 1912년부터 시작된 경성시구개수로 계승되었다. 기존에 이 과정은 대한제국기 도시개조사업의 흔적을 지우고, 일제가 왕조의 수도 서울(한성漢城 또는 황성皇城)을 식민도시 경성(京城, 정식 행정구역명은 경성부京城府)으로 재편해간 과정으로 이해되었다. 물론 옳은 지적이지만 충분한 지적은 아니다. 앞에서 도시계획의 물리적 결과는 지우려고 해도 지워지지 않는 법이라고 했다. 대한제국기와 통감부, 총독부의 도시계획 사이에도 단절 속의 연속이 존재했던 것이다. 그러나 그 연속은 당연히 자연스러운 연속이 아니었으며 결론부터 미리 말한다면 식민지적 전용(轉用)이었다. 과연 권력 주체가 바뀌면서 단절된 것은 무엇이고, 전용된 것은 무엇이었을까?

도심부 공간의 식민화 – 경성시구개수

  통감부의 시가정리는 종합적인 계획에 의해 추진된 것은 아니었다. 아무리 실권을 장악했다고 하더라도 엄연히 대한제국 정부가 존재하고 있었기 때문이다. 기본적으로 통감부의 시가정리란 대한제국기에 부설된 도로망을 계승하면서 일본인 중심지, 특히 상업중심지였던 황금정(黃金町, 현재 을지로)의 몇몇 도로를 정비하는 수준에 불과했음을 알 수 있다. 그러나 통감부 시기부터 준비하여 강제병합 직후인 1912년에 발표된 경성시구개수 노선은 전혀 다른 것이었다.[5]

  1912년 안은 기존 서울의 도로망과는 무관한 종로-황금정-본정(本町, 현재 충무로)을 연결하는 남북도로 및 특히 황금정 중심의 방사상 도로망 계획을 포함하고 있었다.(A) 이는 단지

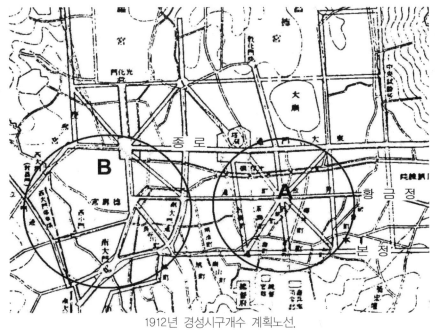

1912년 경성시구개수 계획노선.

몇몇 도로를 정비하는 수준이 아니라 서울의 도로망과 그 도로망의 중심을 완전히 재편하겠다는 실로 '야심찬' 계획이었다고 할 수 있다. 기술적으로 무모해 보이기까지 한 이 계획은 당시 총독부가 남산록의 통감부 청사를 그대로 사용하고 있었던 것과 관련하여 이를 기점으로 북부의 조선인 중심지로 뻗어가는 일제의 힘을 상징적으로 보여주는 것이었다.

한편 경운궁 중심의 방사상 도로망이 분명히 확인되는 것도 흥미로운 점이다.(B) 물론 이 도로망은 시구개수에 의한 신설과는 거의 무관한 것으로 기존 도로망의 추인, 즉 대한제국기 사업의 흔적이 그대로 남은 것이다. 그러나 황금정 중심의 방사상이 전체 도로망의 중심 역할을 하는 가운데, 이 도로망의 공간적 역할은 애써 무시된 것으로 보인다.

11

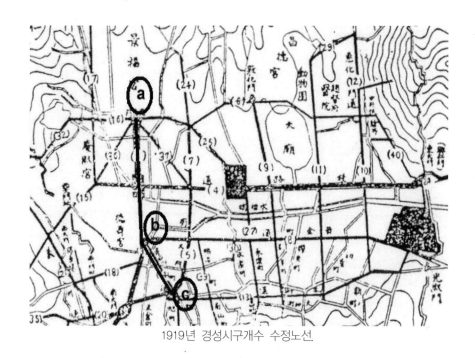

1919년 경성시구개수 수정노선.

　이렇게 1912년 안은 대한제국과의 단절을 도모하는 한편 식민지배의 이식을 '과격하게' 시도한 것이었다. 그만큼 계획대로 추진될 가능성도 낮았다. 더 세밀한 조사가 필요하겠지만 일례로 황금정 일대의 방사상 대각선 도로들은 완벽한 신설 도로로서 당시가 아무리 '무단통치기'였다 하더라도 실현이 가능했을까 의심스럽다. 실제로 1919년에 나온 시구개수의 수정 노선을 보면 이 대각선 도로들은 모두 삭제되었음을 알 수 있다.

　한편 식민지기 경성 지도와 현재의 도로망을 비교한 실측 연구(이경수, 1991)에 따르면 시구개수의 또 하나 중요한 계획인 남북 직선 도로들은 대부분 종로, 황금정, 본정 등의 동서 마디를 기준으로 기존의 '어긋난' 도로들을 정비하는 차원에서 그치고 말았다. 그러나 1912년 안과 1919년 안 사이에는 그보다 훨씬 더 중요한 변화가 있었다. 총독부 청사의 이전 계획이 세워진 것이다.

병합 직후부터 이미 논의가 있었던 총독부 신축은 1915년 신청사 부지로 유력하게 지목된 경복궁에서 '시정 5주년 기념 조선물산공진회'라는 대규모 박람회를 개최함으로써 본궤도에 올랐다. 51일간 계속되면서 백십만 명 이상이 관람한 공진회는 병합 이후 총독부의 '선정(善政)'에 의한 조선의 '발전상'을 내외에 과시하는 자리였다. 또한 공진회는 일제가 상징적으로 경복궁과 같은 조선왕조의 핵심 공간을 '점령'하는 계기였다. 공진회 준비 과정에서 경복궁의 많은 전각들이 훼손되었으며, 그 자리는 공진회가 끝난 후 자연스럽게 총독부 청사 부지가 되었다.(a)

1916년 6월 기공식과 더불어 본격적으로 공사를 시작한 신청사는 10년이 지난 1926년 준공되었다. 당연한 이야기이지만, 이 과정은 단지 건물 하나를 짓는 것이 아니라 식민지배의 거점이 본격적으로 북부지역으로 옮겨지는 것을 의미했다. 1919년 안에는 이러한 사정이 반영되어 있었다. 지도를 보면 앞에서 언급한 대로 황금정 중심의 방사상이 사라진 대신 경복궁(총독부)을 기점으로 대각선 도로가 새롭게 추가되었음을 알 수 있다.

한편 1920년대 들어 본정 1정목(丁目, 현재 충무로 1가)에 위치한 경성부청(구 일본영사관, 통감부시기 경성이사청)의 이전

조선총독부 신청사.

신축도 논의되기 시작했다. 최초 이 논의를 주도한 것은 경성 도시계획연구회라는 단체였다. 이 단체는 도시계획이라는 말을 앞세우고 있지만, 전문가 단체라기보다 재경성(在京城, 경성에 거주하는) 일본인 유산층의 이익 실현을 위해 주로 1920년대 몇몇 도시문제의 이슈를 가지고 활발하게 활동한 단체이다.

　재경성 일본인이란 상당히 특수한 존재이다. 사실 식민지기 내내 조선에 거주한 일본인의 수는 1940년대까지도 전조선 인구의 2% 정도에 불과했다. 그러나 경성에서는 일본인의 수 가 전체 인구의 15~25% 정도를 항상 유지했다. 뿐만 아니라 이들의 대부분은 개별적으로나 집단적으로 일본인 중에서도 상층부에 속하는 인사들이었다. 따라서 이들이 본래 영사관 청사로서 위치상으로 상당히 치우쳐 있었던 경성부 청사를 '부의 중심'으로 이전하자고 주장하기 시작한 사실은 의미심 장하다. 이제 관변 차원이 아니라 민간 차원에서도 도시공간

경성부 신청사.

의 식민화가 진행되기 시작한 것이다.

신축부지는 "전 시가를 원으로 볼 때 그 중심 위치에 부청을 두겠다"(酒井謙治郎, 1927)는 원칙에 따라 당시 총독부 기관지 경성일보사가 있던 자리, 즉 현재의 서울시청 자리로 결정되었다.(b) 이 자리는 바로 경운궁을 측면으로 바라보는 자리였다. 병합 이후 경운궁과 그곳을 중심으로 한 방사상 도로망은 버려진 공간이 되었지만 그 자리는 여전히 경성의 중심이었던 것이다. 그 공간적 중심성은 심지어 총독부의 예에 따라 경운궁을 헐고 부청사를 짓자는 이야기까지 있었다는 데에서도 짐작할 수 있다.

경성부 신청사는 총독부가 준공된 얼마 후 완공되었다. 그리고 그 아래 남대문통 3정목에 위치한 조선은행 본점(C, 구 한국은행 본점, 현재 화폐금융박물관)과 더불어 총독부–경성부–조선은행을 잇는 축이 식민지배의 중심축으로 완성되었다. 그리고 그 축을 기점으로 황금정, 본정 라인을 통해 식민지의 부

15

조선은행 본점.

와 권력이 이동하기 시작했다. 병합 이전 형성되었던 경운궁 중심의 공간적 구성은 이렇게 식민지 권력 주체에 의해 전용되었던 것이다.

1920년대 식민지배의 거점은 '거류지'의 틀을 벗고, 구왕조의 공간에 정착했다. 또 다소 불충분하나마 남북을 연결하는 신도로들도 완성되어 갔다. 이에 따라 나타난 사회적 현상은 우선 일본인의 북진(北進)으로 표현되는 민족간 공간 쟁탈전이었다. 소설가 이광수가 "경성의 주인이 바뀌었다"(李光洙, 1922)고 표현한 이 현상은 이를테면 이런 것이었다.

경성의 북부를 향하야 일본인의 세력이 날로 침범한다 함은 이미 수년 이래로 경성에 거주하는 조선인에게 큰 위협을 주는 말이다. 종로통에 일본인상점이 늘어가는 것은 딸각신 소리만 들어도 알려니와 경복궁을 중심으로 청진동, 수송동, 중학동, 간동, 송현동, 광화문통과 다시 서편으로 당주동, 도렴동, 적선동, 통의동, 효자동, 궁정동 등지에는 날

마나 일본인의 집이 한집 두집씩 늘어가는 대신에 조선사람의 집은 그만치 줄어들게 되는 것은 현저한 사실이라(『동아일보』, 1923.10.26).

이러한 민족간 공간 쟁탈전과 더불어 또 하나 염두에 두어야 할 것은 왕조의 구지배층이 몰락하면서 도시공간의 중세적인 계층적 위계도 희미해져 갔다는 사실이다. 건축가 박길룡이 1920~1930년대 초 경성 도심부 주거지의 변화에 대해 "이전날 곳곳에 산재하였든 귀족계급의 소유이였든 뜰 넓은 저택은 차차로 없어지고 그 자리에는 수백호, 수천호에 소주택밀집군으로 변하여 가는 것은 도시 전체적으로 보아 밀도를 가하여 가는 상태"(朴吉龍, 1935)라고 말한 것은 이를 입증해 준다.

이상과 같이 1910~1920년대를 거치며 경성의 도심부 공간은 변화했다. 그 변화에는 전통적인 요소의 식민지적 전용, 식민권력의 공간 점령, 전근대적 상징질서의 붕괴 등 여러 요소들이 복잡하게 섞여 있었다. 그러나 그 변화는 어디까지나 축소된 경성의 구도심부를 무대로 한 것이었다. 그 무렵 무대의 바깥, 경성의 인근 외곽 지역에서는 또 하나의 도시화가 진행되고 있었다. 도심부에서 밀려난 사람들, 일을 찾아 도시로 모여든 이농민들이 그 주인공이었다. 이들은 행정구역상 경성부 밖에 거주하면서도 대부분 도심부에 직업적 근거를 가지고 있었다. 이 시기까지 이들은 식민권력의 무관심과 무통제

속에 있었다고 할 수 있다. 식민권력의 힘이 아직 외곽 지역의 개발을 구상할 정도에 이르기 못했기 때문이다. 식민권력의 시선이 이들에게 닿기까지는 다시 얼마간의 시간이 필요했던 것이다.

도시계획법의 제정 – 조선시가지계획령

1934년 6월 이 땅에서는 최초로 근대적 도시계획법인 조선
시가지계획령(朝鮮市街地計劃令)이 제정되었다.[6] 사실 1920
년대 말까지 총독부는 도시계획법령 제정에 별 관심을 보이지
않았다. 이는 1920년대 내내 경성도시계획연구회와 경성부가
벌인 '도시계획운동'에 대한 총독부의 반응을 보면 분명히 알
수 있다.

1921년 조직된 경성도시계획연구회는 창립 초기부터 줄기
차게 총독부에 도시계획법령의 제정을 청원했고, 또 독자적으
로 도시계획 조사활동을 벌였다. 여기에 호응하여 경성부도
1925년 임시도시계획계를 설치하고 민간의 도시계획운동을
공식적으로 수렴하고자 했다. 그러나 이에 대한 총독부의 반

응은 일관되게 부정적인 것이었다. 그러던 총독부가 갑자기 시가지계획령을 제정하게 된 배경은 무엇이었을까?

그 이유는 대체로 세 가지 정도로 볼 수 있다. 첫째, 이른바 '조선공업화' 정책의 추진에 따라 일본 자본의 유치와 공업화의 기반 조성 차원에서 도시 발달을 도모해야 할 필요성이 생겼다. 1930년대 초 일본을 강타한 대공황의 여파를 극복하기 위한 대책으로 총독부는 1931년 우가키(宇垣一成) 총독 부임과 더불어 일본, 조선, 만주를 묶는 이른바 '일·선·만 블럭'을 구상하고 공업화 정책을 추진했다. 공업화 정책은 공간적으로는 자연히 '공업도시'의 건설로 이어질 것이므로, 이에 따라 수립된 도시정책은 특히 경성과 같은 기존 도시의 경우 그동안 식민권력의 정책적 무관심 속에서 지속되었던 인접지역의 도시화를 '통제'하고 정책적 의도에 맞게 '개발'해야 한다는 과제로 나타났다.

둘째, 1931년 만주사변(滿洲事變)으로 촉발된 대륙침략정책의 거점으로 새롭게 도시를 개발하면서 지가(地價)나 인구를 통제해야 할 필요가 생겼다. 이 문제는 일본, 조선, 만주를 연결하는 최단 코스로 이른바 '북선 루트(北鮮 route)' 구축을 추진하면서 구체적으로 대두되었다. 본래 일제는 1909년 청나라와 간도협약을 체결할 때부터 일본, 조선 북부, 만주 동북부를 하나로 묶는 교통망의 구축을 꿈꾸었다고 한다. 이 꿈이 만주사변으로 가능하게 되었던 것이다. 그런데 1932년 함경북도 나진(羅津)이 '북선 루트'의 조선측 종단 기착항으로 최초 결정되면서부터 문제가 나타났다. 원래 한산한 어촌에 불과했던 나진에 개발 열기가 일어나면서 1931~1932년 1년간 인구가 3배 이상 증가했고, 전답 1평당 2전에 불과했던 지가가 무려 30원까지 치솟았던 것이다. 향후 지속적인 거점도시 개발을 계획하고 있던 일제에게 나진의 이러한 현상은 매우 당혹스러운 것이었다.

물론 전혀 도시적 기반이 없는 곳에 정책적 필요에 따라 신도시를 건설한 것이 처음 있는 일은 아니었다. 초기 군항으로 개발된 진해와 같은 곳은 대표적인 예이다. 그 당시 일제는 모든 사업을 비밀에 붙이고 속전속결로 일을 해치울 수 있었다. 그러나 진해를 군항으로 건설한 1910년대 초와 1930년대는 사정이 전혀 달랐다. 말하자면 일제는 스스로 이식한 자본주의적 토지 상품화 체제에 발목을 붙잡혔던 것이라고 할 수 있다. 결국 일제는 재정적 부담을 최소화하고 개발의 목적을 달성하기 위해서 "응급책이 아니라 도시계획법의 제정과 같은 근본책"(池森義光, 1942)이 필요하다는 인식에 도달하게 되었던 것이다.

셋째, 이상과 같은 조선 내부의 요인, 즉 식민정책 상의 요인들 외에도 도시계획 문제를 둘러싼 일본 내부의 환경 변화에 주목해 볼 필요가 있다. 1920년대까지 일본에서는 "도시계획은 국익에 반하는 것"이라는 인식이 팽배해 있었다. 1919년 내무대신 코토(後藤新平)와 소장 내무관료들이 주도하여 도시계획법을 제정했지만, 그 법에는 가장 핵심적인 재원 관련 조항이 누락되어 있었다. 당시 일본 제국의회는 당파를 막론하고 농촌 출신 의원들이 다수파였고, 이들이 도시계획에 국가 재정을 소비하는 것은 도시의 문제에 농촌의 부를 끌어다 쓰는 것이라고 반발했기 때문이다. 결국 재원에 대한 대책 없이 제정된 도시계획법은 "태어나자마자 무덤 속으로 들어간"(飯沼一省, 1934) 꼴이 되었다.

그러나 1930년대 들어 분위기는 바뀌고 있었다. 도시계획은 국가의 입장에서 토지나 인구와 같은 자원을 효율적으로 동원할 수 있는 수단이라는 긍정적인 인식이 대두했던 것이다. 이러한 인식의 전환은 1930년대 전반 두 차례에 걸쳐 일본도시계획법의 개정을 이끌어냈다. 먼저 1931년에는 도시계획 시행청의 판단에 따라 토지 소유자의 의사에 반하여 도시계획구역 내 토지의 토지구획정리[7]를 시행할 수 있도록 개정되었다. 이는 본래 토지 소유자들의 사적인 토지개량 사업에서 출발한 구획정리의 개념을 근본적으로 바꾸어 놓은 것이었다.

한편 제1차 세계대전 이후 도시가 급격히 팽창하면서 도시 내부의 개조만으로 도시문제를 해결할 수 없다는 인식과 더불어 대두한 서구의 지방계획(regional planning, 광역도시계획) 개념이 1930년을 전후하여 일본에도 도입되었다. 일본에서 이 개념은 "도시계획에 있어서 도심부 정비의 차원을 넘어 그 외곽 지역의 발달을 국가적 차원에서 통제한다"(飯沼一省, 1933)는 것으로 정리되었다. 이에 따라 1933년에는 도시계획의 대상을 종래 시(市)지역으로 제한했던 것에서 시정촌(市町村)으로 확대하는 도시계획법 개정이 이루어졌다.

이러한 일본 도시계획의 흐름은 '도시의 확장'과 '확장된 도시에 대한 국가적 통제'라는 개념의 결합으로서 사회 전체의 파시즘화와 맞물려 군사적, 국가주의적 성격을 강하게 갖는 것이었다.[8] 이것이 조선과 같은 식민지에서는 도시 유산층의 자생적 요구에서 출발한 도시계획과는 다른 의미의 도시계획, 즉 "국책 수행을 위한 수단으로서의 도시계획"(榛葉孝平, 1939)이 시행될 가능성을 열어주었던 것이다.

시가지계획령의 입안은 우가키가 총독으로 부임한 1931년 하반기부터 본격적으로 논의되기 시작하여 이듬해 북선 루트가 구체화되고 나진의 경기가 심상치 않게 돌아가면서 빠르게 진척되었다. 일본도시계획법을 모방하고, '조선의 통치상, 산업적 지위상 필요한 사항들'을 추가한 시가지계획령의 초안은 1933년 초 완성되었다. 그리고 다시 1년여의 심의를 거쳐 마침내 시가지계획령이 제정되었다.

시가지계획령의 제정은 이제 조선에서 종합적 도시계획이 가능해졌음을 의미하는 것이었다. 그것은 어쨌거나 도로 개량의 범위를 넘어설 수 없었던 시구개수와는 질적으로 차원이 다른 것이었다. 따라서 어떠한 배경하에서 이루어졌든 시가지계획령의 제정은 조선인들에게도 우려와 기대의 심리를 동시에 일으킬 수밖에 없었다. 다음은 「시가지계획령의 발포를 보며」라는 『조선일보』 사설의 일부이다.

조선시가지계획령은 내지의 도시계획법과 건축물법을 일
괄한 종합적 도시계획법인 바 일반 시민들에게 중대한 영향
을 미치게 되는 것은 물론이라 하겠다. 누가 도시의 미관적
시설과 위생적 설비를 반대하랴마는 상가가 철거되고 많은
소시민들이 사산될 우려를 떠나서 아직 우리는 그 가부를
말하지 못할 것인줄 안다. 이 법령은 행정관청 또는 공공단
체의 의지에 따라 얼마든지 사회사업을 집행할 수 있는 것
인 줄 안다. 요컨대 이 법령이 조선 시가의 외과적 수술 및
화장만을 의미하는 것인지 내과적 시술까지 의미하는 것인
지는 또 한번 깊이 생각해 볼 일이다(1934.6.22).

시가지계획령 발포에 즈음해 보도된 위 사설은 이러한 심
리를 잘 보여준다. 기대와 우려 가운데 더 큰 것은 아무래도
우려였을 것이다. 이미 1920년대를 통해 조선인들은 도시의
발달이 도시 구성원들의 경제적 지위에 따라 차별적 효과를
미친다는 사실을 감지하고 있었다. 예컨대 1935년 다방면에
걸친 조선 사회에 대한 통계들을 모아 『숫자조선연구』라는 책
을 펴낸 이여성(李如星)과 김세용(金世鎔)은 자신들의 저서에
서 "동령(同令, 시가지계획령)이 시가지에 적용된다면 다음과
같은 제점에 있어서 주거의 이익과 대립"된다면서 주거의 이
익에 대립하는 점으로서 "중소상가의 몰락, 소시민의 토지 상
실, 시민 부담의 증가, 주택난, 악덕 브로커의 대두" 등 다섯
가지를 거론했다(李如星·金世鎔, 1935).

그렇다면 시가지계획령의 주된 내용이자, 여기에 담겨있는 '정신', 즉 시가지계획령의 '실체'는 과연 무엇이었는지 살펴보자. 총칙, 지역제 및 건축통제, 토지구획정리 등 전문 3장 50조와 시행규칙으로 구성된 시가지계획령의 주요 내용을 일본도시계획법과 비교하여 살펴보면 다음과 같다.

첫째, 시가지계획령의 대상은 기성 시가의 개량보다 신시가의 창설 및 기성 시가의 확장이라는 점이 강조되었다. 즉, 도시화에 따라 발생하는 도시문제에 대한 해결보다 특정한 목적에 따라 도시화가 되지 않은 곳에 인위적으로 시가지를 창설하는데 주안점을 두었다고 할 수 있다. 이는 도시계획의 대상을 도시 인접지역으로 확장시킨 일본도시계획법의 개정보다 한 걸음 더 나아간 것으로 기존 도시와 무관한 이른바 전인미답(前人未踏)의 지역에도 시가지를 창설할 수 있도록 한 것이었다. 이는 물론 1930년대 조선의 도시계획이 도시의 발달과 도시문제의 발생에 따라 자연스럽게 제기된 것이 아니라 '제국의 국책적 필요'에 따라 제기된 것과 깊은 관계가 있었다.

둘째, 조선의 도시계획은 중요한 국가사업이라는 이유로 시가지계획에 대한 결정 및 집행권을 모두 총독 1인에게 귀속시키고, 일본과 달리 법적 지위를 갖는 자문기관을 설치하지 않음은 물론 지방의회의 개입 여지도 최소화했다. 여기에서 일제가 도시계획의 시행과정에서 그동안 쌓인 도시민들의 생활상의 요구가 분출할 것을 크게 경계했음을 알 수 있다.

셋째, 구획정리사업에서 지주조합 시행을 아예 불허하고 해당 지역 지주 전원의 합의가 있는 경우가 아니면 구획정리는 무조건 국가 시행으로 하도록 했다. 이 역시 일본과 크게 다른 점이었다. 일본에서는 도시계획법 개정 이후에도 구획정리사업은 지주들이 자율적으로 조합을 결성하여 시행하는 것이 원칙이었다. 이는 사실 당연한 것으로 구획정리사업은 토지소유권도 그대로 놓아둔 채, 모든 비용도 토지 소유자들의 부담이었기 때문이다. 그러나 시가지계획령에서는 사업비 부담은 지주가 지되, 사업의 내용은 철저히 국가의 통제를 받도록 했다. 이는 결국 사적 토지개량사업의 국가적 동원이라는 일본 도시계획의 흐름이 식민지에서 더욱 명확하게 반영된 것이라고 할 수 있다.

넷째, 지역제는 공업, 상업, 주거의 3지역 및 특별한 제한이 없는 미지정지역의 4지역제를 채택했다. 각 지역에는 공장에서 상시 사용하는 원동기 마력수의 합계를 통해 건축통제 기준을 정했다. 미지정지역은 대체로 주거, 상업지역에는 건축할 수 없지만 반드시 공업지역에 건축할 필요가 없는 공장을 건축할 수 있는 일종의 경공업지역으로 해석했다. 이렇게 함으로써 공업지역을 자연스럽게 대공업전용지역으로 유도하여, 결국 지역제에서는 공업지역과 비공업지역, 대공업지역과 경공업지역의 공간적 분리를 중시했다. 일차적으로 원활한 자본투자를 위한 효율적인 공업 환경조성에 초점이 맞추어져 있었던 것이다.

이상과 같이 시가지계획령은 일본도시계획법에 비해 '한

발 앞선' 내용이 많이 담겨 있었다. 이보다 조금 뒷 시기의 자료에 따르면 "내지(內地, 일본)에서의 도시계획은 당해 도시의 발전계획으로서 한계에 도달"했는데, "종래 도시계획의 폐해를 시정한 조선 도시계획은 선진적으로 지방계획의 사상을 반영하여 종합적 개발계획의 일부로서 시국과 국책의 요구에 부응하고 시대에 즉응(卽應)하는 신방향으로 나아"갔던 것이다 (全國經濟調査機關聯合會 朝鮮支部, 1942).

이것은 한마디로 시가지계획령이 이 시기에 새롭게 대두한 일본 도시계획의 국가 중심적 논리를 본국에서보다 '선행적'으로 명확히 반영했다는 뜻이다. 여기에서 당시 조선에서의 도시계획이 특정한 계급적 동력 없이 시행된 것임을 다시 한 번 상기할 필요가 있다. 조선에서 도시계획은 조선인, 일본인을 막론하고 조선 내부의 자체적 동력에 의한 것이 아니라, 어디까지나 '국책상의 요구', 즉 식민 본국의 이해관계에 따른 '제도의 이식'이었던 것이다. 일제 관료들은 이렇게 이식한 제도가 본국과는 다른 것이며, 나아가 더 '선진적'인 것이라고 분명히 언급했다. 다음의 언급은 당시 일제 관료들의 도시계획관의 내포를 잘 보여준다.

현대 도시계획의 의의는 무엇인가? 중세도시는 왕후귀족의 도시였다. 19세기 도시는 중산계급의 도시로서 19세기 도시계획은 중산계급의 이익을 위하여 상공업의 발달을 촉진시키는데 그 의의가 있었다. 현대도시는 민중의 도시로서

19세기 도시계획에 시민 전체의 편익 증진, 공익의 추구라는 목적이 가미되었다. 따라서 필연적으로 개인의 자유는 시민 전체의 이익을 위하여 제한될 수밖에 없다(長鄕衞二, 1937).

경성부 공영부장이 쓴 위 글에서 필자는 스스로를 '공익의 실현자'로 자처하면서 '개인의 자유 제한'을 결론으로 내세우고 있다. 이러한 국가 중심적 도시계획론은 1930년대 일본에서 주류 이론으로 점차 확산되었지만 조선, 만주 등 식민지에서 선행하여 실현되었다. 그렇다면 관료들 스스로 훌륭하다고 말하는 이러한 이론을 어째서 본국이 아닌 식민지에서 먼저 시행한 것일까?

당시 일제 관료들은 오히려 조선이 선진적 도시계획 제도를 시행하기에 알맞은 조건을 갖추었다고 보았다. 즉, "조선에서는 지식 및 경험이 부족하고 민도가 낮기 때문에 행정청이 일원적 도시계획사업을 집행하는 것이 필요"하고, 그것이 바로 선진적이라는 논리이다. 일례로 구획정리사업의 경우 일본에서는 "조합이 시행하기 때문에 의론이 백출하여 사업이 지지부진한데 조선에서는 국가 시행이기 때문에 원활한 사업 진척이 기대된다"고 했다(坂本嘉一, 1939).

여기에서 식민 본국에서는 통제 불가능한 토지 소유자들 및 도시민들의 복잡한 이해관계에 대한 강압적 통제가 식민지에서는 가능하다고 본 일제 관료들의 생각을 읽을 수 있다. 이

점이 바로 시가지계획령이 갖고 있던 '선진성'의 실질적인 함의였던 것이다.9)

그런데 이 시가지계획령은 비단 식민지기의 법으로만 그치지 않았다. 놀랍게도 시가지계획령은 해방 후 오랫동안 폐지되지 않았다. 다만 법조문의 '조선총독부'를 '대한민국 정부'로, '조선 총독'을 '대한민국 대통령'으로 바꾼 채, 1962년 도시계획법이 제정될 때까지 존속되었다. 그리하여 이 법에 의해 해방 후 각종 건설사업들이 승인을 얻었고, 한국전쟁 후 전재복구사업도 추진되었다. 최소한 도시계획 분야에 한정해 보면, 한국(정확하게는 '남한')의 1950년대는 여전히 식민지 안에 있었던 것이다.

이제 다시 경성으로 돌아가 보자. 어쨌거나 시가지계획령은 발포되었고, 경성은 시가지계획령의 중요한 적용 대상이 될 수밖에 없었다. 또한 경성에는 대한제국기 이래 쌓여온 도시계획의 '역사'가 있었다. 여기에 시가지계획령의 적용은 어떠한 작용을 했을까? 1930년대 이후 경성의 도시공간에는 어떠한 변화가 일어났을까?

복제와 확장 – 경성시가지계획의 기본구상

시가지계획령의 구체적인 입안과 더불어 경성부도 몇 년간 거의 활동이 없던 임시도시계획계를 토목과 산하의 정식 도시계획계로 개편하는 등 준비에 들어갔다. 1933년 7월에는 부 관료들과 '민간 유지'들로 구성된 도시계획조사위원회를 구성했다. 도시계획조사위원회는 먼저 되도록 시가지계획구역과 행정구역을 일치시킨다는 총독부의 방침에 따라 인접지역의 편입을 위한 기초조사를 시작했다. 본래 시가지계획구역과 행정구역이 반드시 일치할 필요는 없었지만, 총독부는 각종 부담금 징수 및 건축 통제의 일원화를 위해 시가지계획을 시행할 지역의 행정구역 확장을 권장하고 있었다.

방대한 조사결과를 토대로 편입 예상지역에 대한 선정작업에 들어간 경성부는 1년여가 지난 1934년 11월 『경성부행정구역확장조사서』, 『경성부행정구역확장계획서』, 『경성부도시계획구역자료조사서』 등의 조사 자료들을 총독부에 상신했다. 이 자료들을 통해 보면 고양군 용강면, 한지면, 독도(纛島 : 뚝섬)면, 숭인면, 은평면, 연희면 및 시흥군 북면, 양동면, 동면, 영등포읍 등이 일차적으로 편입예상지역에 포함되었다. 1935년 들어 총독부가 이 지역들을 실사하기 시작한 가운데 같은 해 5월 경성부는 단독으로 1읍 6면을 포함한 행정구역 확장안을 발표하는 한편, 6월에는 이 지역들을 포함한 시가지간선도로망을 발표하는 등 행정구역 확장을 당연시하는 조치들을 취했다.

이러한 조치들은 경성부 편입에 대한 인접지역의 불만을 염두에 둔 것이었다. 그렇다면 과연 누가 불만을 품었을까? 경성부 편입에 불만을 품은 지역은 영등포였다. 정확하게는 영등포읍회로 대표되는 이 지역의 유지 집단이었다. 교통과 용수(用水) 양면에서 최고의 입지조건을 갖춘 영등포는 이미 1920년대 초부터 공장이 들어서기 시작한 지역이었다. 따라서 1930년대 중반 거의 농촌에 불과했던 다른 지역들과는 달리 일본인 인구의 비율도 높고 지방재정도 튼튼한 편이었다.

이러한 가운데 영등포의 경성부 편입은 상대적으로 부실한 경성부 재정의 상당한 몫을 떠맡으면서 현 읍회 의원 10여 명 중 2~3명만이 경성부회 의원으로 충원됨을 의미했다. 이러한 상황은 영등포 유지 집단으로서는 한참 '밑지는 장사'였던 것이다. 영등포읍회는 경성부의 독자적인 조치에 대해 '합병을 대세로 만들려는 공작'이라고 비난하면서 '영등포의 독자적인 발전'을 내건 영등포시가지계획안을 발표하는 등 반발했다.

의원 전원의 농성과 사퇴불사까지 치달은 영등포읍회의 반발은 "읍회의 주장은 일지방적 이해관계"에 불과하며 경성시가지계획은 장래 경성과 인천의 연결을 염두에 둔 지방계획적 구상임을 분명히 한 총독부의 단호한 개입으로 곧 진정되었다. 처음부터 국가 중심적인 논리에 따라 시작된 조선 도시계획에서 지방 유지층의 반발이란 별다른 변수가 될 수 없었던 것이다. 여기에서 분명히 해야 할 것은 경성부 편입에 대한 영등포의 반발이 민족문제와는 별 상관이 없었다는 사실이다. 당시 영등포 유지집단의 거개는 일본인이었다. 오히려 이 에피소드에서는 이민족 지배라는 압도적인 현실과 관계없는 계층적 혹은 지역적 이해관계가 빈번히 폭발하고 있었던 1930년대 '식민지 근대'의 현실에 주목해야 할 것이다.

결국 1936년 1월 인접 1읍 8면 71개리 전부 및 5개리 일부를 포함한 경성부 행정구역 확장안이 최종 결정되어 같은 해 4월부터 공식적으로 적용되었다. 주로 기존 행정구역을 동서로 펼친 이 확장을 통해 경성부의 면적은 약 3.5배로 증가했다. 해방 후 서울의 행정구역은 다시 몇 차례 확장되어 오늘에 이르렀다. 1936년의 확장은 요컨대 '거대도시' 서울의 출발점이었던 것이다.

행정구역 확장과 더불어 경성부는 구체적인 시가지계획안

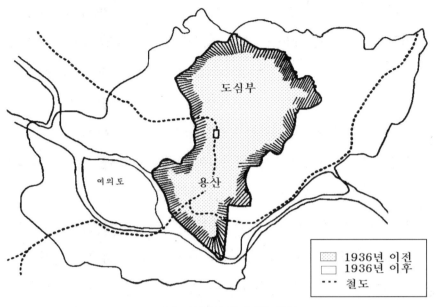

	1936년 이전
	1936년 이후
···	철도

1936년 경성부의 행정구역 확장.

의 입안에 들어갔다. 이 무렵 경성부 도시계획조사위원회에는 새롭게 총독부 토목과장, 토목사무관, 임정(林政)과장, 경성토목출장소장 등이 위원으로 참여했다. 상세한 회의기록이 남아 있지는 않지만 이 사실 만으로도 이들의 입김이 경성시가지계획안 입안에 상당한 영향을 미쳤을 것임을 짐작할 수 있다.

계획안 입안의 기본원칙은 구도심부에 대해서는 '현상유지'에 그치고 신편입구역만을 집중 개발하겠다는 것이었다. 철저히 외곽지향, 확장지향적 개발을 하겠다는 것으로, 신시가지 건설에 초점을 맞춘 시가지계획령의 입법 취지를 충실히 따른 결과였다.

경성부가 일차적으로 착수한 것은 신편입구역 개발의 기본 구상을 세우는 일이었다. 경성부는 먼저 신편입구역을 동부,

한강 이남, 서부 등 세 지역으로 나누고, 이를 다시 여덟 개의 소지역으로 세분했다. 이에 따라 세운 각 소지역의 개발구상을 공식 계획안인 『경성시가지계획결정이유서』(朝鮮總督府, 1937)를 통해 살펴보면 다음과 같다.

먼저 동부지역은 청량리, 왕십리, 한강리 부근의 세 지역으로 나누었다. 청량리 부근은 경원선 청량리역을 중심으로 장래 주거지역 및 일부 경공업지역으로 예정되었다. 왕십리 부근은 오늘날 신당동 일부, 왕십리, 행당동 등을 포함하는 지역으로 역시 주거지역 및 일부 경공업지역으로 예정되었다. 한강리 부근은 왕십리 서쪽에서 용산 군용지에 접하는 지역으로 배후에는 남산을 등지고 전면은 한강에 임한 '적호(適好)의 주택지대'라고 하여 고급 주거지역으로 예정되었다.

이 중 특히 한강리 부근은 일찍이 전차 노선이 놓여져 도심부와의 연결이 편리한 경성의 대표적인 교외지역 중 하나였다. 따라서 이 지역은 이미 1929년 조선도시경영주식회사에 의해 고급 주택지로 개발된 곳이 있는가 하면, 도시빈민층이 다수 거주하는 지역이기도 했다. 그만큼 빈부격차가 심한 지역이었던 것이며, 일제의 입장에서는 이른바 '무질서한 시가화'가 심각한, 그러므로 '통제적 발전을 도모해야 할' 지역이기도 했다.

다음으로 한강 이남지역은 영등포와 노량진 방면의 두 지역으로 나누었다. 영등포 방면은 경부선, 경인선의 분기점으로 교통이 편리하며 한강을 통한 용수 공급이 용이한 공업지

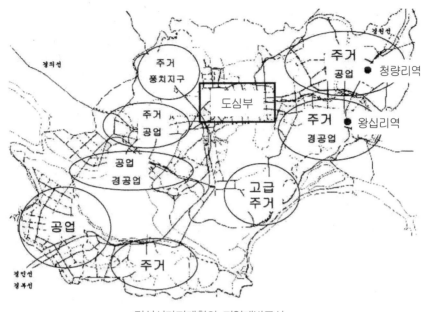

경성시가지계획의 지역개발구상.

역으로 최적의 입지조건을 가지고 있었다. 노량진 방면은 오늘날의 흑석동, 노량진, 상도동 등지로 일제는 일찍부터 이 지역을 영등포 공업지역의 확대에 대비한 배후 주택지로 염두에 두고 있었다.

마지막으로 서부지역은 마포-용강 방면, 연희-신촌 방면, 은평 방면 등으로 나누었다. 마포-용강 방면은 영등포와 비슷한 조건으로 장래 공업 및 경공업지역으로 예정되었다. 연희-신촌 방면은 경의선 신촌역 부근에서 홍제천 연안에 이르는 지역으로 대부분 주거지역, 일부 공업지역으로 예정되었다. 은평 방면은 홍제, 세검정 등이 포함되어 있었는데 기본적으로는 주거지역으로 예정되었으나 그 중 상당한 부분은 풍치지구(風致地區)라고 하여 일종의 '개발제한구역'으로 예정되었

35

다.

　경성시가지계획의 기본구상을 요약해 보면 경부선, 경인선, 경원선 등 각 철도와 연계되는 지역을 공업지역으로 개발하고, 기타 지역을 주거지역으로 정하였다. 또한 주거지역의 일부를 고급 주거지역이라고 적시한 것도 특기할 만 하다. 일제는 이러한 구상을 통해 확장된 도시공간의 용도별, 계층별 위계를 형성하고자 했던 것이다.

　지역개발의 기본구상을 세운 경성부가 이 구상의 실현을 위해 가장 먼저 착수한 것은 '도시의 뼈대'를 이루는 도로망을 짜는 작업이었다. 앞에서 언급했지만 당시 경성부에 새로 편입된 지역은 영등포 등 일부를 제외하면 도로를 비롯한 도시 시설이 전혀 없다시피 한 지역이었다. 따라서 신편입구역의 개발구상을 세우는 것과 더불어 중요한 것은 각 소지역들에 배분된 기능적 요소들을 유기적으로 연결하는 일이었다.

　도로망을 짜기 위해 경성부는 먼저 도시 전체를 구도심부, 용산구, 청량리구, 왕십리구, 한강리구, 마포구, 영등포구(한강 이남 전역)의 7개의 교통구역으로 나누었다. 다음으로 구도심부의 경성부청 앞을 도로망 전체의 중심(주심)으로 하고, 나머지 6개의 교통구역에 각각의 중심(부심)을 정하여 이를 기준으로 도로를 배치했다.

　도로는 그 기능에 따라 주심과 부심을 연결하는 주간선도로, 부심 상호간 및 교통구역 내부의 주요지점들을 연결하는 준간선도로, 기타 지선도로로 나누었다. 시가지계획 도로 전체

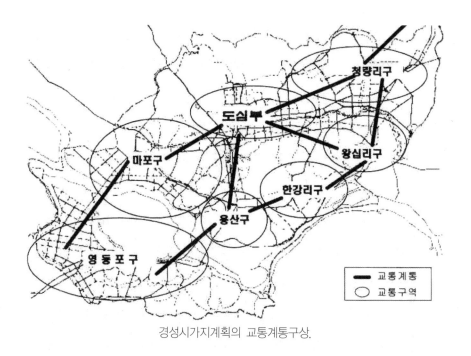

━	교통계통
○	교통구역

경성시가지계획의 교통계통구상.

는 합계 220선으로 이를 도로 너비에 따라 분류에 보면 각각 광로(50m) 1선, 대로(34~24m) 55선, 중로(20~10m) 164선이었다. 총독부 앞의 광화문통(현재의 세종로)을 광로로 한 것을 제외하면 대체로 주간선 및 준간선도로를 대로로, 지선도로를 중로로 계획했다. 더불어 대로 중에서도 주간선도로는 직선 부설 원칙을 정했다.

이상과 같은 시가지계획 도로망의 기본구도는 구역 전체를 몇 개의 교통권역으로 나누어 각 권역 내부를 격자형 도로망으로 정비하고 다시 구도심부와 부심을 방사상 도로망으로 정비하는 것이었다. 이는 병합 초기 정비한 구도심부의 중심적 위치를 그대로 유지하면서 그 동심원적 확장을 도모한 것으로 동질적 공간의 복제 및 확장이라는 현대 도시의 발전 패턴이

관철되고 있음을 확인할 수 있다.

시가지계획 도로망이 일괄 고시된 것은 1936년 8월이었다. 그런데 도로망 전체의 완성은 1~2년 사이에 끝날 수 있는 문제가 아니었다. 경성부의 도시계획관료들도 이 점을 잘 알고 있었다. 시가지계획 도로망의 완성은 5개년씩 5기, 합계 25년간 진행될 사업으로 계획되었다. 말 그대로 '소화(昭和) 40년을 목표로 한 방대한 시가지계획안이었던 셈이다.

도로망 부설계획에 이어 구획정리사업이 입안되었다. 경성시가지계획 구획정리사업의 전체적인 계획도 1936년 말경에는 완성되었지만 충독부는 그 전체 계획은 비공개로 하고 해당 사업지구 별로 계획을 발표하기로 결정했다. 구획정리에 대한 소문이 퍼지면서 특히 공업지역 예정지에서 토지 투기, 지가 폭등과 같은 현상이 빈발했기 때문이다.

당시 시가지계획과 관련된 토지 투기는 문학작품에서도 찾아볼 수 있을 정도였다. 일례로 김남천(金南天)의 『사랑의 수족관』에는 경성부 행정구역의 확장을 '돈버는 계책'과 연결시키는 신일성이라는 토지 브로커가 등장하고 있다.

결국 경성시가지계획 구획정리사업의 전체 계획은 그로부터 2년여가 지난 1938년, 경성에서 개최된 전국도시문제회의 석상에서 비로소 공개되었다.[10]

뒤늦게 공개된 경성시가지계획 구획정리사업의 전체 계획은 10~15년에 걸쳐 경성부 신편입구역 중 주거 가능 면적의 약 75% 정도를 모두 구획정리를 통해 주택지 혹은 공장지로 개발하겠다는 내용으로 막연한 '구상'의 차원에 가까운 것이지 사업 시행에서 실질적인 '기준'의 역할을 할 수 있는 것은 아니었다.

도로망 부설 및 구획정리사업의 시작과 더불어 경성부는 1937년 최종적으로 시가지계획 '용도지역제'를 총독부에 상신했다. 총독부의 심의를 거친 지역제 최종안은 1939년 9월에 가서야 발표되었지만, 경성부는 1938년 초부터 상신안에 의해 건축통제를 실시하는 등 실질적으로 지역제를 시행하기 시작했다. 시가지계획 지역제는 그동안 논의되고 시행된 시가지계획의 기본구상, 도로망 계획, 구획정리사업 등을 각 용도지역의 법적 지정을 통해 최종 추인한 것으로 경성부 전역을 상업, 공업, 미지정, 주거의 네 지역으로 지정했다.

먼저 상업지역으로는 이미 은행, 회사 등이 밀집해 있었던 구도심부와 용산지역 일부, 영등포 역전, 청량리 역전, 동부출장소 부근(현재 신설동) 등을 지정했다. 다음으로 공업지역은 용산, 영등포 외에 청량리와 왕십리 일부가 지정되었다. 이와 더불어 각 공업지역의 외곽 및 마포지역의 한강 연안 일대를 경공업지역인 미지정지역으로 지정했다. 이상을 제외한 나머지 전 지역은 주거지역으로 지정되었다.

시가지계획 지역제는 기본적으로 공업지역을 대공업전용지역으로 발전시키는 한편, 이를 둘러싸고 경공업지역을 배치하는 공업의 재배치 계획이라는 측면과 각 공업지역과 연계하여 새로운 상업지역을 형성시켜 부심의 발전을 도모한 측면을 찾

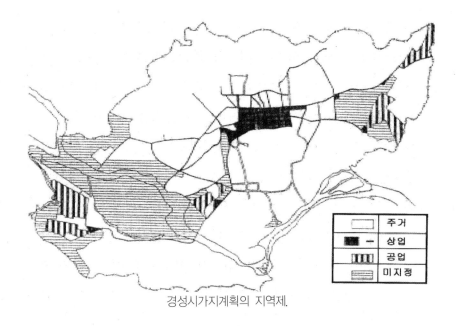

	주거
■ ―	상업
‖‖‖	공업
▤	미지정

경성시가지계획의 지역제.

아볼 수 있다. 이 가운데에는 구도심부, 영등포, 용산 등과 같이 기존의 추세를 승인하고 강화한 부분도 있고, 동부지역과 같이 새로운 개발을 추인한 부분도 있었다. 한편 영등포의 지속적인 확장, 발전을 통해 궁극적으로 경인(京仁)을 연결시키려는 지방계획적 구상이 내재된 것이라는 점도 빼놓을 수 없다.

이상에서 살펴본 경성시가지계획안은 한마디로 행정구역 확장과 각종 계획사업의 시행을 통해 그동안 식민권력의 통제 밖에서 실질적인 도시화 과정을 거치고 있던 경성 인접지역을 통제하고 그곳에 식민권력이 의도한 새로운 공간적 위계질서를 형성시키고자 한 것이었다.

구체적인 모델은 물론 일본이었다. 1932년 행정구역 확장을 통한 '대동경(大東京)'의 성립, 교외와 도심부를 연결하는 방사상 도로망의 부설, 교통결절점으로서 부심의 설정과 정비,

교외 신시가지의 빈민층 주거 방지와 택지 개발 등 1930년대 '대일본제국'의 수도 동경의 모습은 '식민지 수도' 경성에서도 재현되었다.

또한 경성시가지계획은 도시의 기능적 요소를 효율성이라는 관점에서 재배치하고, 이를 발달된 교통망으로 연결하여 빈민층의 불법 주거를 배제한 채, 확보된 주택지의 계층적 분화를 도모했다는 점에서 근대 자본주의 도시계획의 일반적 성격을 갖는 것이었다.

그리하여 근대 도시계획의 역사가 보여주는 것처럼 거기에는 빛과 그늘이 있었다. "내일의 경성이 완성되어가는 형세는 어느 것이 힘의 성장이 아니며 어느 것이 영화의 서곡이 아닌 것이 없다"(『매일신보』, 1936.4.19)는 희망에 찬 선언이 있는가 하면 "이러한 상공도시로의 발전은 결국 대공업의 발전을 결과로 할 것인즉 그 이면에서 몰락일로의 중소상공업자는 어데로 갈 것인가? 도시계획의 정연한 설계를 따라서 비약 성장을 수행할 대경성 구경(究竟)의 목표는 어디에 있는가?"(『조선일보』, 1936.1.19)라는 의문도 없지 않았고, "도시계획은 도시 전체의 이익을 위한다는 구실로 세민(細民)계급의 이익이 무시되기 쉽다"(『조선일보』, 1935.9.6)는 우려도 제기되었던 것이다. 과연 경성시가지계획은 어떻게 전개되었을까? 도시계획의 성과는 있었을까? 있었다면 그 의미는 무엇일까? 또 성과의 이면에 그늘이 있었다면 그것은 무엇이었을까?

시가지계획의 지연과 '통제' 이데올로기

경성시가지계획의 '계획사업'은 예상할 수 있듯이 도로망 부설과 구획정리사업의 두 축으로 시행되었다. 먼저 도로망 부설사업을 살펴보면 1936~1938년 삼각자-신당정 구간 4.9km를 연결하는 남산주회도로가 '특이하게' 다른 도로들보다 먼저 부설되었다. 전체 5기로 나누어진 도로망 부설 계획의 '제1기 5개년 사업'은 공식적으로 1937년 시작되었는데, 남산주회도로 만은 행정구역 확장이 고시된 1936년 2월 측량에 들어가는 등 신속하게 공사가 시작되었던 것이다. 예산 또한 별도의 3개년 예산이 책정되었다. 이 도로가 이렇게 빨리 부설된 것에는 무슨 배경이 있지 않을까?

지도를 통해서도 확인할 수 있지만, 그 명칭처럼 남산의 남

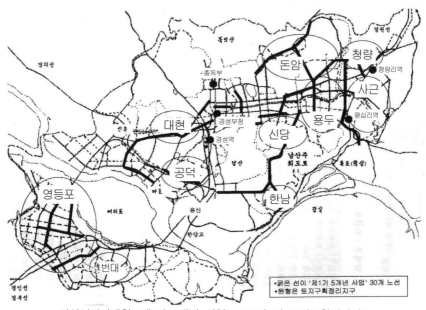

경성시가지계획 '제1기 5개년 사업' 도로망 및 토지구획정리지구.

록을 돌아가는 이 도로는 도심부를 통과하지 않고 동부일대와 용산, 영등포를 연결하는 도로이다. 당시 '경성부의 등뼈'라고 도 불린 이 도로가 이렇게 시급히 부설된 까닭을 살펴보기 위해서는 1920년대 활발하게 전개되었지만, 결국 별다른 성과 없이 무산된 경성도시계획연구회의 도시계획 운동으로 돌아 가 보아야 한다.

1920년대 도시계획연구회가 끈질기게 제기한 이슈들 가운데에는, "남산 남록의 전원도시 건설"이라는 것이 있었다. 이 주장은 19세기 후반 영국의 도시계획가 하워드가 제기한 전원도시(garden city)론에 기초한 것이었다. 전원도시론은 도심부의 황폐화에 대응하여 도심부와 자연적으로 격절(隔絶)되어 있으면서도 교통 연결이 잘되는 지역에 뉴타운을 건설하자는

43

이론으로, 도시 중산층을 위한 교외 신시가지 건설의 선구적인 이론이다. 1920년대 일본에서는 전원도시론이 선풍적인 인기를 끌고 있었다. 이것이 조선에도 도입되었던 것이다. 재경성 일본인 유산층이 경성의 전원도시 후보지로 지목한 곳은 오늘날 장충동, 청구동, 신당동 등에 해당하는 남산 남록 지역이었는데, 이 지역은 도심부와 남산으로 가로막혀 있으면서 배산임수의 조건이 갖춰진 곳이었다. 다만 문제는 교통이 불편하다는 것으로 도시계획연구회는 자체 운동이나 경성부협의회 등 대의기관을 통해 끈질기게 남산주회도로의 부설문제를 제기했다.

총독부의 무관심 속에서 주춤했던 도시계획연구회의 활동은 1930년대 들어 조선 도시계획 시행이 가시화되면서 다시 활발하게 전개되었다. 이때에도 여전히 활동의 중요한 초점 중 하나는 남산주회도로의 부설이었다. 경성시가지계획안에서 남산 남록 지역이 이른바 고급 주거지역으로 예정되고, 그와 관련한 도로의 부설이 전체 계획에 앞서 시작된 것은 도시계획연구회의 활동과 떼어놓고 생각하기 어렵다. 더욱이 도시계획연구회가 재경성 일본인 유산층의 이익단체임을 염두에 둔다면, 1920~1930년대 이 지역의 연대기는 또 다른 의미에서 도시공간(쾌적한 주거공간으로서의 '전원')을 둘러싼 민족간, 계층간 쟁탈전의 한 단면을 보여준다.

한편 이와 더불어 1936년 8월 남산주회도로를 포함하여 1기 사업(1937~1941)으로 부설해야 할 도로 30개 노선이 발표되었다. 이 도로들은 일부 구도심부의 재정비 노선을 제외하면 크게 구도심부와 동부(청량리구, 왕십리구), 마포구, 영등포구를 연결하는 주간선도로와 영등포방면, 동부방면의 준간선도로, 남산주회도로 및 그 지도(枝道) 등으로 나누어 볼 수 있다. 주간선도로들이 경성부 교통권역의 기본적인 연결이라면 나머지는 개발의 우선순위에 따른 도로 배치였다.

그런데 1937년 초부터 시작된 1기 사업은 그해 중일전쟁의 발발과 더불어 심각한 자재난과 재정난에 부딪쳤다. 총독부의 표현대로라면 "지나사변의 발발로 시가지계획사업은 자리가 잡히자 바로 정돈(停頓)상태에 들어가게 되었"(『매일신보』, 1941. 6.7)던 것이다. 일제의 대륙침략정책이 식민지 도시계획 시행의 중요한 변수가 되었던 점을 생각하면, 막상 전쟁의 발발이 도시계획 추진의 발목을 잡은 것은 매우 아이러니한 상황이 아닐 수 없다. 하지만 그것은 현실이었다.

당장 1938년부터 예정되어 있던 국고보조는 절반 수준으로 삭감되었고, 건축자재 가격은 1930년대 초와 비교하면 두 배 가까이 상승했다. 공사의 일시중단 현상이 빈발했고, 완공이 지연될 것이라는 예측이 언론에 공공연히 보도되기 시작했다.

이에 대한 대책으로 총독부는 1940년 2기 사업의 연기를 전제로 기채(起債) 인가액과 국고보조금을 증액하는 등 1기 사업을 최대한 빨리 완성한다는 방침을 발표했다. 그러나 재정적 회복은 근본적인 해결책이 될 수 없었다. 예산을 집행하려고 해도 자재를 구할 수 없다든지, 자재를 구입해도 인부가 모자

란다든지, 그 틈을 타 실무자들이 자재를 유용하는 등 공사의 안정적인 진척을 어렵게 하는 사건들이 잇달아 발생했다.

결국 1기 사업은 완공예정일을 1년 넘겨 1943년 초 종료를 선언했다. 완공시의 상황을 정확하게 알 수는 없지만, 1941년 5월의 공사 진척상황이 완공 7선, 공사중 11선, 미착수 12선인 것으로 보아 1943년의 완공 선언은 공사 중단에 가까웠을 것으로 추정된다.

공사 지연에 따라 또 문제가 된 것은 소유 토지가 도로부지에 편입된 토지 소유자들의 불만이었다. 불만의 초점은 소유 토지가 도로예정지에 편입된 시점과 실제 공사개시시점이 너무 길어 실익 없이 토지이용만 규제 당한다는 것이다. 요컨대 토지 소유자의 입장에서 당연히 기대할 수 있는 도시계획에 따른 개발이익의 획득 대신 소유권 행사만 제한 당한 것에 대한 불만이었던 셈이다. 그러나 이에 대해 경성부는 별다른 실질적인 대책을 세울 수가 없었다.

경성부회 회의석상에서 "시가지계획령에 수반한 도로 고시에 의해 토지 건물의 소유자는 비상히 사권(私權)을 제약받게 된다. 그로 인한 곤궁(困窮)은 이해하나 비상시임을 감안해야 한다"(京城府, 1941)고 한 경성부 공영부장의 말처럼 경성부로서는 토지 소유자들의 '기대와 현실' 사이의 간극을 전시(戰時)라는 상황논리와 통제의 정당성이라는 이데올로기적 강제로 메울 수밖에 없었다. 특히 후자는 "도시 영원의 행복을 구하기 위해서는 전체주의적 제한이 불가피했다. 이는 인간주의적인 것"(根岸情治, 1940)이라는 어느 경성부 관료의 말에서도 알 수 있듯이 단지 상황논리가 아니라 당시 조선 도시계획의 '철학적 기반이기도 했다.

이렇게 도로망 부설이 지지부진한 가운데 구획정리사업은 또 어떻게 전개되었을까? 경성시가지계획 구획정리사업은 1937~1945년 총 10개 지구에서 시행되었다. 먼저 각 지구별로 사업의 진척상황을 살펴보자.

1937년 2월 첫 사업지구로 공업지역인 영등포와 동서의 주거지역인 돈암(敦岩), 대현(大峴)지구가 결정되었고, 같은 해 3월 영등포, 돈암지구에 대한 사업시행명령이 내려졌다. 공사비는 기채(起債)를 하되, 1940년부터 지역 내 토지 소유자들에게 20년간 수익자부담금을 징수하여 분할상환하기로 결정했다. 양 지구의 실제 공사는 1938년 중반부터 시작되었으며 공사완료기한은 1939년 말이었지만 자재공급이 원활하게 이루어지지 않아 실제 완공은 1941년 11월에 가서야 이루어졌다. 공사가 꽤 지연되었지만 그래도 다른 지구와 비교할 때 비교적 계획대로 진행된 셈이었다.

1937년 11월 사업시행명령이 내려진 대현지구의 공사는 이듬해 1월부터 당장 지연되기 시작했다. 구획정리 공사에 대해 기채 제한 방침을 밝힌 정무총감 통첩의 영향 때문이었다. 재정적 곤란으로 공사지역내 이전대상 가옥에 대한 보상비 지급이 늦어져 실제 공사는 1939년 9월에 가서야 시작되었다. 공사 내용에 있어서도 평탄화 작업이 축소되고, 도로 절취의 잔

토(殘土)를 매립공사에 사용하는 등 부실공사의 조짐을 보이기 시작했다. 결국 대현지구 공사는 1942년까지도 연내 완공을 장담하지 못하는 상황이었다.

이러한 상황에서 1939년 3월 남산주회도로 연변의 구릉지대에 위치한 모범적인 고급 주택지, 이른바 고급 주거지역인 한남(漢南)지구, 영등포 공업지역의 배후 주택지대인 번대(番大)지구, 왕십리역 중심의 경공업지역인 사근(沙斤), 용두(龍頭)지구에 대한 사업시행명령이 내려졌다. 다시 1940년 3월에는 청량리역 중심의 주거 및 공업지역인 청량(清凉)지구, 한남지구와 연결되는 신당(新堂)지구, 한강 연안에서 대현지구로 이어지는 주거 및 경공업지역인 공덕(孔德)지구에 대한 사업시행명령이 내려졌다.

물론 공사는 중단과 재개를 반복하면서 매우 어렵게 진척되었다. 시간이 흐를수록 사업의 시행명령시점과 실제 공사개시시점 사이의 지연기간은 점점 길어졌고, 공사예정기간은 무의미해져 가고 있었다. 예컨대 번대지구는 사업시행명령이 내려진지 꼭 2년 만인 1941년 3월부터 공사가 시작되었고, 신당지구는 근 3년 만인 1942년 12월에야 공사가 시작되었다. 그런가 하면 같은 시기에 사업시행명령이 내려진 청량, 공덕지구는 1942년 말까지도 착공예정이 없었다.

사정이 이러함에도 불구하고 경성부는 계속 사업시행명령을 내리면서 '문서상의 사업'만은 중단 없이 추진해 갔다. 이 이해하기 어려운 상황에는 일종의 '관료제의 관성'이 한몫을

했던 것으로 보인다. 더불어 실제적으로는 경성부가 '미리' 공사비 예산을 마련해야 하는 부담에서 벗어났던 것도 큰 이유가 되었다. 어떻게 그럴 수 있었을까?

그것은 1939년 총독부가 기채 제한 방침을 한층 강화하여 지시한 이른바 '공사비 현금주의' 덕분이었다. 이미 언급했지만 초기 구획정리사업의 재정은 우선 기채를 통해 마련하고 공사가 끝난 후 20년간 부담금을 징수하여 갚는 것이 원칙이었다. 이 원칙은 구획정리 공사의 시작 시점은 아직 개발이익이 발생하기 전이므로 공사비는 다른 자금을 끌어들여 쓰고, 공장지나 택지 분양을 통한 개발이익의 발생을 기다려 토지 소유자들에게 그 중 공사비분을 환수한다는 취지라고 할 수 있다.

그런데 공사비 현금주의는 공사비 전액을 공사기간 중 즉시 부담금 징수액으로 충당하겠다는 것으로 아직 구획정리를 통한 이익이 전혀 없는 상태의 토지 소유자들에게는 큰 부담이 아닐 수 없었다. 예컨대 구획정리사업의 사업비 내역에서 영등포지구와 번대지구를 비교해 보자. 영등포지구의 경우 총사업비 예산 5,794,180원 중 5,737,000원을 기채 발행으로 충당했으며, 1944년까지 징수한 부담금총액은 1,875,396원으로 총사업비의 32% 정도였다. 그에 반해 번대지구에서는 총사업비 1,211,000원에 대해 1944년까지 769,080원의 부담금을 징수했던 것으로 나타난다. 총사업비의 64% 정도이다. 이렇게 된다면 논리적으로 구획정리를 통한 토지소유자의 이익은 전무(全無)하게 될지도 모를 일이었다.

이에 따라 토지 소유자들은 국고보조, 부담금 액수 경감 등의 여론을 일으키거나 부담금 납부를 체납하는 등 불만을 표출했다. 그러나 이러한 불만이 받아들여질 리 만무했다. 이러한 사업방식은 꼭 상황논리에서만 나온 것이 아니라 사적 토지개량사업의 국가적 동원이라는 시가지계획령 본래의 정신에서 연유한 것이었기 때문이다. 물론 '동원'의 반대급부는 일정한 경제적 잉여의 보장이었지만, 식민권력의 입장에서 그것은 '꼭 지켜야 할 약속'이 아니었다.

오히려 토지 소유자들의 불만에 대해 식민권력은 '공익주의'라는 깃발을 들고 반격을 가했다. 이 시기 경성부회 회의석상에서 "비상시임은 이해하나 수익의 정도, 수익의 조건이 예전의 자유경제시대와는 달라졌으므로 부담금의 징수율, 징수방법을 합리적으로 재검토해야 한다"는 부회 의원의 주장에 대해 "꼭 지가만을 수익으로 생각하는 것은 사익우선의 감정이다. 자신이 납부하는 부담금에 의해 도시민 전체가 얻게 될 교통상, 위생상, 도시의 번영상 얻을 수 있는 수익을 공익적 견지에서 생각해야 한다"고 한 경성부 토목과장의 답변은 이를 잘 보여준다(京城府, 1942). 결국 이 말은 구획정리사업의 반대급부인 개발이익을 공익으로 내놓으라는 말이었다.

하여간 도시계획문제를 둘러싼 이데올로기적 정황과는 별도로 사업 자체의 진척이 혼돈을 거듭하고 있었음은 부인할 수 없는 사실이다. 아무리 '공익주의'를 내세워도 그것이 실제

가질 수 있는 동원력에는 한계가 있었다. 실제로 이 시기에 이루어진 구획정리사업 가운데 뚜렷한 물리적 흔적을 남긴 것은 초기에 시작된 영등포, 돈암지구 정도였다. 이 두 지구의 사업 결과는 말 그대로 동원의 성과라고 할 만 하다.

새로운 공업지역과 주거지역의 형성

영등포, 돈암지구에서 구획정리 공사 진척에 맞추어 토지 소유자들이 토지분양조합을 조직하고 경성부가 조합과 수요자를 연결하기 위한 토지상담소를 개설한 것은 1939년 초였다. 이 두 지구는 각각 전형적인 공업지역과 주거지역으로서 수요자층도 달랐고 토지분양도 다른 방식으로 이루어졌다. 먼저 영등포지구를 중심으로 공업지역의 형성을 살펴보자.

영등포지구의 토지 소유자들은 1939년 4월 공장지분양조합을 조직하고 구획정리 공사가 일단락된 30여만 평에 대한 매각에 나섰다. 같은 해 12월까지 분양된 면적은 약 14만 평 정도였는데, 분양을 받은 사람들 가운데 절반가량은 도심부나 용산의 공장을 영등포로 이전하려는 업자들이었다.

한편 경성부는 총독부 및 상공회의소의 협조를 얻어 관련 직원을 일본 각 도시에 출장시키는 등 적극적인 공장 유치 활동을 벌였다. 그 결과 1942년 1월까지 일본에서 분양상담이 750여 건, 분양계약은 100여 건에 이르렀다. 이렇게 영등포지구의 구획정리는 경성 공업의 공간적 확대 및 재편이라는 분명한 결과를 낳았다. 그 밖에도 경성부는 경공업지역인 용두, 사근지구에 대해서도 1940년 후반부터 일본의 중소공장 유치 활동을 벌이는 한편 도심부와 영등포의 중소공장을 이주 또는 분산시키는 등 공업재배치를 추진했다.

이러한 공업지역의 형성과 더불어 새로운 주택지도 형성되었다. 1939년 3월 돈암지구에서는 주택지분양조합이 조직되어 같은 해 11월부터 70~80평 단위의 토지분양이 이루어졌다. 이 지구에는 적어도 1940년 말까지 활발한 주택건축이 이루어졌다. 1941년 중반의 조사에 따르면 이 지구에 신축된 주택수는 2천여 호 정도였다. 더불어 시가지계획도로도 부설되

영등포의 공장지대.

고 전차노선도 연장되었다. "전차길이 돈암동까지 연장되면서 큰 길이 생기면서 완전히 번화가가 되었다"(서울학연구소, 2000)는 한 여성의 회고처럼 말 그대로 신시가지가 조성되었던 것이다.

오늘날 보문동, 안암동, 동소문동, 동선동, 삼선동 일부를 포함하는 돈암지구에는 주로 '집장사'라고 불리는 전문주택회사에서 건축한 주택들이 들어섰다. 현재 이른바 '개량 한옥' 또는 '도시형 한옥'이라고 불리는 이 주택은 전통 한옥을 구조나 재료면에서 단순화시킨 것이었다. 식민지기 개량 한옥은 일정한 경제력을 가진 도시 거주 조선인의 일반적인 주거형태로서 이미 구도심부의 가회동, 봉익동, 누상동 등에는 개량 한옥지대가 형성되어 있었다.

그런데 구도심부의 개량 한옥지대와 돈암지구에 새롭게 형성된 개량 한옥지대는 근본적인 차이를 가지고 있었다. 건축학계의 실측 연구(송인호, 1990)에 따르면 구도심부 개량 한옥지대가 무정형의 필지와 막힌 골목을 특징으로 하는 반면, 돈암지구의 개량 한옥지대는 정방형의 필지와 격자형의 진입로

가회동의 '전통' 개량 한옥지대.

보문동의 '신흥' 개량 한옥지대.

로 구성되어 있었다. 두말할 나위 없이 그것은 이 지역이 구획
정리에 의해 계획적으로 조성된 주택지였기 때문이다. 1943년
초 돈암지구에 속하는 안암정에 어느 정도 주택건축이 마무리
되고 동네가 형성된 후의 풍경을 묘사한 다음 잡지기사는 이
러한 모습을 구체적으로 보여준다.

　　내가 현재 살고 있는 이 안암정은 모조리 집장사들이 새
　　재목을 드려다 우직근뚝딱 지어논 것으로 이르고 본다면 그
　　야말로 전통이 없는 개척촌과 같이만 보일 수밖에 없다. 서
　　울살림이 자꼬 불어만 가기로 작정이니까 하는 수 없이 혹
　　은 당연한 추세로 예까지 살림이 분가한 것인데 그래서 그
　　런지 여기서 사는 사람도 대개는 식구도 단촐한 단가사리,
　　아들로 치면 둘째 셋째의 살림난 지차치들... 놀라운 것은
　　청사진 두서너장의 설계로 지은 집단주택이 한 번지 안에
　　육십호 가까이나 된다. 사방에서 몰려와서 일제히 너는 사

십호, 나는 이십호로 아파-트 방 차지하듯 일제히 이사온
집… 교원, 회사원, 음악가, 화가, 각기 그럴듯한 직업을 가
진 젊은 아버지들은 혹 전차 안에서라도 만나면 정다웁게
인사를 하면서…(八甫, 1943)

새롭게 조성된 동네에 새집을 지어 이사 온 필자 팔보(八甫)
는 아마도 원래 구도심부의 유서 깊은 동네에 살았을 것이다.
당연히 그의 눈에 특색 없는 이 정방 또는 격자형의 새 동네
는 전통이 없는 개척촌처럼 보였을 것이다. 하나의 회사가 한
장의 설계도에 따라 지은 똑같은 형태의 집들이 늘어서 있는
모습을 집단 주택 혹은 아파트의 방에 비유하고 있는 점도 흥
미롭다. 경성에 아파트가 처음으로 등장한 것은 1931년경으로
알려져 있는데, 필자는 도시계획으로 조성된 신주택지에서 아
파트라는 주거형태의 '몰개성'을 읽었던 것이다.

한편 위 글에서는 새로 이사 온 사람들을 단가살이, 분가한
차남에 비유했다. 오늘날의 용어로 바꾸자면 도시형 핵가족인
셈이다. 이들의 직업도 전형적인 도시 중간층의 그것이었다.
경제력 또한 비슷했을 것으로 짐작할 수 있다. 이들은 거의 비
슷한 넓이의 택지와 비슷한 형태로 지어진 집을 산 사람들이
기 때문이다. 여기에서 식민지 말기 도시 중산층이라는 하나
의 낯선 계층의 등장은 민족이라는 준거로 연역할 수 없는 식
민지 근대화의 한 단면을 보여준다는 점에서 주목할 만하다.

이상과 같은 공업지역과 주거지역의 형성은 굳이 이름을

붙이자면 이 시기 도시계획의 성과, 빛의 측면이라고 할 수 있을 것이다. 그렇다면 이와 대비시켜 간과하지 말아야 할 대목은 없는 것일까? 당연한 이야기지만, 돈암지구와 같이 새로운 주택지가 형성되고 새로운 사람들이 살게 된 곳이 원래 비어 있는 공터가 아니었음에 유의할 필요가 있다. 그곳에는 본래부터 "시내에서 살기 힘들어 만부득이 시외로 간편한 살림을 하기 위하야 몰려나오는 사람들"(『조선일보』, 1933.10.10)이 살고 있었다. 오늘날의 용어로는 도시빈민이라 하고, 당시의 용어로는 토막민(土幕民)이라고 불린 이 사람들에게 새로운 주택지 개발은, 곧 주거 박탈을 의미하는 것이었다.

철거와 저항 – 도시계획과 빈민주거 박탈

'토막민'이라는 존재는 대체로 식민지화 이후에 등장했으며, 1920년대 초부터는 하나의 '사회문제'로 대두했다. 식민당국은 도시빈민층의 주택을 "지면을 파서 그 단면을 벽으로 삼거나 혹은 땅위에 기둥을 세우고 거적 등으로 벽을 삼고 양철이나 판자로 지붕을 만든 원시주택"인 토막과 "토막을 개조 또는 보수한 것으로 어느 정도 가옥의 형태를 갖추었지만 위생상 유해하거나 보안상 위험하다고 인정되는 조악한 주택"(강만길, 1987)인 불량 주택으로 구분했지만, 양자를 엄격히 구분한 것은 아니었고, 토막이나 불량 주택에 거주하는 사람들은 토막민이라고 통칭되었다.

별다른 감소 요인이 없는 상태에서 토막민의 수는 꾸준히

증가했다. 경성부는 1920년대 말부터 토막민에 대한 통계를 잡기 시작했는데, 1928년에 1,143호, 4,803명이던 것이 1933년에는 2,870호, 12,378명에 이르렀다. 경성부는 초기부터 토막민을 '도시 토지의 불법점유자' 혹은 '도시미관을 해치는 자'로 정의했다. "조선의 명물인 토막민은 도시의 풍치를 해치는 송충이"(勝原亨三, 1942)라는 표현에서 토막민에 대한 식민당국의 시각이 적나라하게 드러나고 있다. 그러나 실상 1930년대 초까지도 토막민에 대한 어떤 적극적인 대책, 즉 이들을 근본적으로 구제하거나 반대로 전부 추방하거나 하는 식의 대책은 시행되지 않았던 것으로 보인다.

도리어 토막민의 불법 주거는 어느 정도 묵인되고 있었던 것으로 보인다. 1930년대에는 가옥세를 납부하는 토막호수가 26%나 되었고, 심지어 보존등기가 된 토막도 있을 정도였다. 이렇게 토막민의 불법 주거가 묵인된 것은 경성부의 행정력이 본격적인 토막민 대책 수립에 이르지 못했기 때문이다. 또한 주지하는 바와 같이 이 시기까지 경성부는 외곽 지역에 대한 개발계획이 없었기 때문에 굳이 나서서 토막민 대책을 세울 필요성도 느끼지 못했던 것이다. 이러한 상태에서 토막민들은 식민당국으로부터 "구제적 시혜도 받지 못했지만 반대로 적극적인 취체도 당하지 않는" 이중적 의미에서 권력의 무관심과 무통제 상태에 놓여 있었던 것이다.

경성부는 1930년대 중반에 와서야 외곽 지역에 토막민 집단주거지를 설정하고 이들을 이전시켜 종교 계통 사회복지단

체에 맡기려는 계획을 두 차례 세웠다. 1933년 2월에는 연희면 아현리의 면유림 2만여 평을 매입하여 곳곳에 산재한 토막민들을 이주시키고 일본 불교 정토종 계열의 화광교원(和光敎園)에 맡기기로 계획했다. 1935년에는 역시 일본 불교 진종대곡파 계열의 경성불교연합단이 경영하는 향상회관(向上會館)이 은평면 홍제리의 국유임야를 대부받아 토막민 1,000여 호, 5,500여 명을 이주시킨 향상대 사업이 시행되기도 했다.

이 계획들은 토막민에 대한 근본 대책이라기보다 토막민들을 '우선' 교외에 집단수용함으로써 도심부에서 안보이게 하려는데 목적이 있었다. 한 마디로 고식책이었다고 할 수 있다. 게다가 이 계획들은 경성부가 원하는 성과도 거두기 힘든 것이었다. 대부분 도심부에 직업적 근거를 가진 일용노동자였던 토막민들로서는 경성부의 방침을 받아들일 수 없었다. 당시 경성부 내에는 조선은행 앞을 비롯한 도심부 몇 군데에 일용노동자들의 노동시장이 형성되어 있었다. 현재도 그렇지만 새벽부터 시작되는 일용 노동자 모집에서 일당의 수준은 시간이 늦어질수록 떨어지기 때문에 일용 노동자들에게 주거지와 도심부 간의 거리는 생활수준을 결정짓는 가장 중요한 요소였다. 이를테면 전차나 버스노선 가까이에 토막민 주거지가 많이 형성되었던 것도 이러한 측면을 보여준다. 따라서 토막민들은 일단 강제이주를 당하더라도 곧 수용지를 이탈하여 다시 원거주지 부근에 토막촌을 형성했다.

이러한 상태에 근본적인 영향을 미친 것은 경성시가지계획

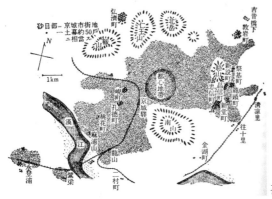

경성지역의 토막 분포.

의 시행이었다. 우선 경성부 행정구역이 확장됨에 따라 앞에서 언급한 외곽 수용지들조차 다시 경성부로 편입되었다. 또한 외곽지향적으로 입안된 시가지계획안에 따르면 중요한 계획사업이 예정된 곳 대부분이 토막민의 주분포지였다. 예컨대 돈암토지구획정리지구가 그 대표적인 사례이다.

시가지계획 시행이 빈민 주거에 미친 첫 번째 영향은 철거의 빈발이었다. 물론 토막에 대한 철거는 늘 있는 일이었다. 하지만 "부역 확장 후 심상치 않은 토지경기가 토막 철훼를 부추기고 있다"(『동아일보』, 1936.6.14)는 표현에서도 알 수 있듯이 시가지계획의 시행은 일상적 수준을 넘어서는 빈민 주거에 대한 '공격'의 동력이 되고 있었다. 이 무렵 토막 철거의 이유를 보아도 이 사실은 분명하다. 예컨대 1936년 8월 신당정에서는 "이제 대경성도 실현되었는데 풍치상 안 좋은 토막을 그대로 둘 수 없다"(『동아일보』, 1936.8.1)는 이유로 1937년 4월 돈암정에서는 "이 곳은 앞으로 주택지로 개발될 곳인데, 토막을 방치해두면 지가상 문제가 생긴다"(『조선일보』, 1937.4.3)

는 이유로 철거가 강행되었다.

'지가상의 이유'로 토막 철거에 나선 주체는 당연히 토지 소유자들이었다. 따라서 철거 범위는 사유지의 경계를 넘지 않았으며, 그 규모는 몇십 호 단위 정도였다. 이는 어느 정도 당연한 것이었다. 이 무렵 겨우 시가지계획구역을 확정하고 구체적인 계획안을 수립하는 단계였던 경성부로서는 계획구역 내의 토막민 문제에 적극적으로 나설 이유가 없었던 것이다. 그러나 민간의 분위기는 전혀 달랐다. 도시계획 시행이 예정되었다는 사실 만으로도 일종의 '개발붐'이 조성되었고, 이것이 지가상승에 큰 영향을 미치면서 토지 소유자들에게는 그동안 방치해두었던 소유권을 제고하게 하는 효과를 낳았다. 소유권의 제고란 두말할 나위 없이 그동안 토지를 '불법 점유'하고 있던 토막민의 구축을 의미했다. 이러한 '소유권 만능주의'를 '도시계획의 그늘'이라고 지적한 기사(『동아일보』, 1938. 4.5)는 사태의 본질을 정확하게 보여준다. 1936년 초~1938년 중반에 이런 식으로 "멸실된 세궁민주택이 일천여 호"(『동아일보』, 1938.11.14)에 달할 정도였다.

한편 토막민의 경우는 아니지만 조금 뒷 시기 대현지구의 예도 도시계획 시행과 더불어 전면화한 토지소유권 문제가 빈민층의 '주거권'을 어떻게 위협했는지 잘 보여준다. 1939년 8월 대현지구에서는 구획정리에 따른 환지 및 각종 이전보상비 확정을 위한 보상심사평가위원회가 열렸다. 이를 계기로 토지 소유자들은 그동안 부의 주선으로 사유지를 대부받아 살아오던 빈민 가옥 4백여 호에 대해 그달 말까지 이전하지 않으면 강제철거하겠다고 통고했다. 이에 대해 주민들은 대표를 뽑아 토지를 계속 대여해 줄 것을 진정했으나 거절당했다. 이번에 는 부청을 찾아가 재차 진정했지만, 경성부의 대책은 고작 토 지 소유자들이 8월 말로 정한 이전 시점을 9월 11일로 연장해 준 것에 불과했다. 결국 9월 11일까지 빈민들의 완전한 퇴거 는 이루어지지 않았고, 9월 15일부터 토지 소유자들은 강제철 거를 집행하기 시작했다. '신성한' 소유권의 행사를 제약할 수 있는 것은 아무 것도 없었다.

그런데 철거는 사적 영역에 그치는 문제가 아니었다. 1937 년 3월에는 돈암, 영등포 양 지구의 구획정리사업이 시작되었 고, 이는 곧 경성부에 의한 공식적인 토막 철거의 시작을 알리 는 것이었다. 1938년부터 본격화된 공권력에 의한 토막 철거 는 구획정리 공사지구 전체를 대상으로 한 것이었기 때문에 사적 철거에 비해 대규모적이고 조직적으로, 수백 호 단위로 이루어졌다. 철거의 양태도 대부분 경찰이 현장을 지키고 있 는 가운데 이루어지거나, 야간에 주민들이 자고 있는 틈을 타 서 이루어지는 등 매우 강압적이었다.

따라서 이전에는 보기 힘들었던 토막민의 저항도 거세게 일어났다. 예컨대 1938년 3월 신당정에서 240여 호, 같은 해 4월 신설정에서 4백여 호의 토막이 일시에 철거되자 토막민들 은 부청 앞으로 몰려가 시위를 벌였다. 그 결과 신설정 토막민 들의 경우 경성부 도시계획 과장과의 면담이 이루어졌으나,

"딱한 사정은 알겠으나 도시계획상 어쩔 수 없다"(『조선일보』, 1938.4.27)는 답변을 들어야 했다. 면담이 별 성과 없이 끝나자 토막민들은 다시 며칠 후 부윤(府尹, 현재의 시장)과의 직접 면담을 요구하며 시위를 벌이기까지 했다.

시간이 흐르면서 경성부의 토막 철거가 더욱 강력하게 전개되자 저항도 그에 비례하여 더욱 거세졌다. 부청 앞에서 며칠씩 노숙을 하며 농성을 벌이기도 하고, 토막민들을 설득하기 위해 현장에 나온 경성부 관료가 '봉변'을 당하는 일도 일어났다. 이를 두고 경성부에서도 토막민들이 "단결력이 강하여 당국도 그 처리에 골머리를 썩이고 있으며, 반항심도 강하여 조사과정에서 여러 차례 곤란에 직면할 정도"(京城帝國大學 衛生調査部, 1942)라고 문제의 심각성을 말할 정도였다.

공권력에 의한 철거와 저항의 사례들 가운데 1938년 12월 종암정의 경우는 도시계획의 시행과 빈민 주거 박탈의 아이러니한 관계를 극적으로 보여준다. 낮에 남자들이 근처 구획정리 공사장에 일하러 나가고 부녀자들만 집에 있는 틈을 타서 경성부에서 보낸 인부 10여 명이 토막 2백여 호를 일시에 철거해 버렸던 것이다. 사건 다음날 토막민들은 돈암지구 구획정리 사무소로 몰려가 "대경성건설에 우리는 희생자"(『동아일보』, 1938.12.23)라고 격렬하게 항의했다. '대경성건설'과 '우리는 희생자'라는 대비되는 수사에서 우리는 1930년대라는 시간적 한계를 넘어 그 후 오랫동안 계속된, 어쩌면 지금도 계속되고 있는 빈민 주거 박탈의 '역사'를 읽을 수 있다.

그러나 어쩌면 당연하게도 토막민들의 저항은 실효를 거둘 수 없었다. 그들에게는 국(사)유지의 불법점유자라는 딱지가 붙어 있었고, 소유권 행사를 하는 지주 앞에서, 도시계획을 집 행하는 권력 앞에서 저항의 한계는 분명했다. 모든 철거는 '적법과 불법'의 구도 하에서 이루어지고 있었다. 이렇게 시가지 계획의 시행은 어떤 이유에서든 빈민 주거를 박탈할 수밖에 없었다. 이것은 자본주의 도시계획의 필연적인 운명이었을지도 모른다.

빈민주거대책의 가능성과 한계

　하지만 시가지계획과 빈민 주거의 관계에는 다른 측면도 있었음을 간과하지 말아야 한다. 즉, 시가지계획의 시행을 '그동안 두통의 씨앗이었던 토막의 대정리' 기회로 인식한 경성부 관료들의 생각이 단지 철거 일변도만은 아니었다는 뜻이다. 실제 경성부는 "도시에 있어서 세민가(細民街)의 개선은 도시계획의 기본문제"(京城府, 1940)라는 일반론에 따라 시가지계획의 시행을 토막민 문제 해결의 새로운 계기로 생각했다.

　이때의 새로운 대책에는 1930년대 초 외곽 집단 수용책의 문제점을 해결하는 것, 즉, 토지의 불법점유를 막고 재정부담을 최소화하며, 도시 내부에 토막민을 수용하는 등 세 가지 조건이 필요했다. 미리 말해두자면 시가지계획의 시행은 그동안 불가능했던 이러한 조건을 충족시킬 수 있는 길을 열어주었다. 적어도 논리적으로는. 경성부는 재정부담을 덜면서 도시 내부에 토막민 수용지를 분산적으로 설정할 수 있는 방법을 구획정리에서 찾았다. 구획정리 공사가 가장 먼저 시작되어 세민지구 설정 계획도 구체적으로 세워졌던 돈암지구의 예를 살펴보자.

> 도시계획 특히 구획정리사업의 수행상 그 최대의 지장물건인 토막민의 처치에 대한 근본적 대책의 연구가 필요하다. 이들을 섣불리 취체할 경우 사산(四散)할 위험성이 많으므로 되도록 현재의 땅 부근에 묶어두어야 한다. 환지 설계시 적당한 곳에 약 5,200평의 토지를 공공용 광장 명의로 존치시켜(이는 토막민들이 불법 점거하고 사는 하천부지 7,000여 평에 상응함) 대부장옥(貸付長屋)을 지어 토막민들에게 대부하도록 하며, 토막민 중 자력(資力) 있는 자들은 잘 추려 합법적으로 토지를 취득하도록 할 계획이다(高木春太郎, 1939).

구획정리 사업에서는 지구내 공공시설의 축조를 위해 토지소유자들이 일정한 비율로 자기 소유지의 일부를 내놓아야 하는데('감보'), 이를 이용하여 공공시설의 하나로 토막민 수용지, 즉 세민지구를 설정한다는 계획이었다. 그 다음 토막민들에게 이 토지를 연부(年賦)로 분양하거나 월세로 임대한다는 것인데, 이렇게 함으로써 토막민들은 원거주지 근처에 계속 살면서 생활의 안정을 유지할 수 있고, 토막민들이 수용지를 벗어날 이유가 없어지면 토지의 불법점유 문제도 해결되므로, 도시의 노동력으로 원활하게 기능할 수 있다는 것이다. 더불어 연부나 임대료를 강력하게 징수함으로써 토막민들을 '합법적 권리자'로 전신시키는 효과도 거둘 수 있다는 것이 경성부의 구상이었다.

그런데 이 대책의 성패 여부는 단지 경성부의 의지에 달려 있는 것이 아니었다. 오히려 중요한 것은 세민지구 설정에 대해 토지 소유자들의 동의를 이끌어 내는 일이었다. 시가지계획령은 구획정리 사업에서 감보할 수 있는 대상을 도로, 광장, 공원 등과 같은 '공공용물(公共用物)'이라고 규정하고 있었다. 따라서 관건은 과연 세민지구를 공공용물에 포함시킬 수 있는지 여부였다. 이에 대해 경성부는 토막민을 방치한다면 하등 유리할 것이 없는 토지 소유자들이 결국은 세민지구 설정을 위한 토지감보에 찬성할 것이라고 자신했다.

이러한 경성부의 새로운 토막민 대책은 도시빈민층의 주거지를 도시 내부에 분산적으로 마련한다는 점에서 일면 그들에 대한 '포섭'이었으며, 또한 토막민 주거지를 세민지구라는 이름으로 일정하게 경계지어 일반주거지와 분리시키려 했다는 점에서 그들을 '배제'하는 것이었다. 즉, 토막민을 국가의 통제하에 두고 차별적으로 관리하겠다는 것이었다. 물론 이는 사실상 '대책 아닌 대책'이었던 기존의 추방-외곽 집단 수용

대책에 비해 한 단계 진전한 것으로서 당시 언론에서는 "부외 집결주의에서 현지중심주의로"(『조선일보』, 1938.10.13) 혹은 "구축에서 보호로"(『동아일보』, 1938.10.16) 전환한 것이라고 평가했다.

그러나 결론부터 이야기하자면 이러한 토막민 대책은 제대로 시행될 수 없었다. 우선 이 대책이 발표된 1938년 하반기라는 시점이 문제가 되었다. 이 무렵 이미 토막에 대한 사적 철거가 빈발하고 있었고, 또 경성부 스스로가 구획정리 공사의 진척을 위해 '우선' 철거의 주체가 되지 않을 수 없었다. 이러한 모순된 결과는 경성부의 실수라기보다 원래 근대 도시 계획이 가지고 있던 이중적 속성이 발현된 것이었다고 해야 할 것이다.

한편 구획정리 사업의 진척이 순조롭지 못한 것도 세민지구 설정 계획의 장애 요인이었다. 계획에 따르면 세민지구를 설정하기 위해서는 먼저 구획정리 공사가 진척되어야 했다. 그런데 구획정리 공사는 여러 가지 악조건 속에서 거듭 지연되었고, 자연히 구획정리 사업에 의한 세민지구의 설정도 탁상공론 이상이 될 수 없었다.

이렇게 구획정리 사업에 의한 세민지구 설정이 어려워지면서 경성부는 그 대안을 준비하기 시작했다. 그것은 '일단의 주택지 조성' 방식에 의한 세민지구 조성이었다. 한마디로 각 구획정리 지구별로 세민지구를 분산적으로 조성하는 것이 아니라 적당한 지역에 집단 수용지를 설정하겠다는 것이었다. 이

것은 결국 시가지계획 시행 이전의 대책으로 후퇴한 것이었지만, 경성부로서는 다른 대안이 없었다.

경성부는 동부 중랑천 연안의 전농정, 휘경정, 답십리정 등을 포함한 14만여 평을 '전농지구'라고 이름하여 세민지구 후보지로 결정했다. 이 계획은 같은 방식으로 설정된 상도, 금호, 신촌지구 등 일반 택지조성지구들과 동시에 계획되어 1939년 10월 부회의 자문을 거쳐 최종 결정되었다. 그러나 이듬해 1월 경성부는 세민지구인 전농지구를 택지조성에서 제외할 것이라는 사실을 발표했다.

이유는 예산문제였다. 일반 택지조성지구들의 경우 각종 시설계획에 필요한 비용을 계산하여 그에 맞춰 평당 가격을 정해 분양할 예정이었지만, 세민지구는 그런 식으로 분양할 수 있는 것이 아니었기 때문에 따로 시설계획을 위한 예산이 필요했다. 그런데 총독부에서는 이를 위한 경성부의 보조금 신청을 인가하지 않았던 것이다.

이에 대해 "세민지구를 천대한다"는 비난여론이 일자 경성부는 부비(府費)를 책정하여 세민지구를 조성하겠다는 안을 내놓았다. 그러자 이번에는 부회에서 다수 의원들이 "총독부의 보조 없이 세민지구 설정은 안된다"고 격렬하게 반대했다. 이후 이 문제는 몇 차례 부회 회의에서 논란을 빚었지만 여하튼 부회의 다수 의견은 경성부 예산만으로 세민지구를 설정해서는 안 된다는 것이었다.

이듬해에도 비슷한 과정이 되풀이되었다. 1941년 경성부는

'토막민의 근본적 정리'를 위한 보조금 인가를 신청하고 우선 부비만으로 사업을 시작하겠다는 계획을 세웠지만 경성부회는 일관되게 보조금을 보장할 수 없는 세민지구 설정에 반대했다. 경성부회가 이러한 태도를 보인 이유는 무엇일까?

주지하다시피 경성부회는 경성부의 상층 유지 집단을 대변하는 그룹이다. 이들의 경성부 예산을 사용한 세민지구 설정 계획에 대한 지속적인 반대의 기저에는 당시 시가지계획 전반의 시행 방식에 대한 불만이 깔려 있었다. 본래 시가지계획의 경제적 동력은 국가권력의 목적에 따라 사유지를 동원하는 대신 개발이익의 일부를 토지 소유자들에게 '분배'한다는 것이었다. 이것은 비단 이 시기뿐 아니라 자본주의 도시계획의 기본원리라고 할 수 있다. 그런데 당시 상황을 보면 도로망 부설이건, 구획정리건 모든 사업의 시행 방식은 개발이익 자체의 창출이 불가능한 방향으로 가고 있었다. 개발이익의 창출을 대신한 것은 '공익주의'라는 벌거벗은 동원의 깃발이었다.

이러한 상황에서 당연한 자신의 몫인 '사익'을 빼앗기고 있다고 생각한 토지 소유자들은 시가지계획사업의 진척에 비협조적이었다. 이를 극명하게 보여주는 것이 1940년 말 발포된 택지건물등가격통제령에 대한 토지 소유자들의 반응이다. 1939년 9월 18일자로 상품가격을 정지시킨 가격통제령을 택지, 건물에 확대적용한 통제령은 지가안정을 통한 안정적인 택지공급을 목표로 한 것이었지만, 실제로는 토지거래 자체를 정지시키는 효과를 낳았다. 즉, 토지 소유자들이 인위적으로 고정된 가격에 소유 토지를 매각하는 것을 거부했던 것이다.

이러한 상황의 효과는 분명했다. 일례로 1939년 초부터 활발하게 택지분양이 이루어지고 있던 돈암지구의 경우 통제령 발포 이후 "택지는 있는데 건축은 이루어지지 않는 기현상이 계속되어" 뒤에 가서는 "심지어 2~3년씩 공터로 남아있는 토지가 있을 정도"였다(『매일신보』, 1941.5.15). 일제는 통제령을 통해 "토지 가격이 하루아침에 통제되어 허풍선이 같은 경기는 없어지고 장차 이 과도기를 지나면 토지 가격은 안정될 것"(『매일신보』, 1941.7.12)이라고 자신했지만, 이러한 방식, 즉 소유와 생산의 사회화 없는 가격통제는 '유통의 동맥경화'로 귀결되었던 것이다.

토지 소유자들의 보조금 없는 세민지구 불가론은 이러한 부분과 같은 맥락에서 볼 수 있다. 요컨대 사익의 보장 없는 '공익적 동원'에 대한 거부였던 것이다. 결국 이것은 비록 전쟁이라는 특수상황에서 벌어진 일이기는 하지만, 한정된 경제적 자원을 사회 전체의 안정을 위해 동원하려고 하는 국가권력과 철저히 계급이익에 따라 운동하는 지배계층 사이의 대립이었다. 그리고 그 결과는 하층민의 '사회적 고립'이었던 것이다. 몇 년씩 공터로 남아있는 땅은 있는데, 토막민 수용계획은 계속 무산되어 그들을 '불법 점유자'로 남겨두어야 하는 상황은 정확하게 토지의 사유제와 공공성 간의 모순이었다.

그렇다면 토막 철거는 계속되는 반면 세민지구는 설정되지 않는 상황에서 토막민들은 과연 어디로 갔을까? 1940년에 시행된 토막민들의 전거주지와 거주연한에 대한 조사는 이 문제에 대한 해답의 실마리를 준다. 전거주지 조사에서 조사대상 호수의 47%가 전거주지를 경성의 토막지라고 대답했으며, 17%는 경성의 비토막지, 36%는 경성 이외의 지역이라고 대답했다. 절반에 가까운 인원이 토막지에서 토막지로 이동하고 있었음을 알 수 있다. 거주연한 조사에서는 대부분 현거주지에서 산 지 3년이 채 안되었다고 대답했다.

이는 "한 자리에 10년씩이나 눌러 사는 토막민들이 있었"(高木春太郎, 1938)던 1930년대 초중반과는 사뭇 다른 양상이다. 도심부에 직업적 근거를 갖고 있는 토막민들은 토막이 철거되었다고 어딘가 먼 곳으로 옮겨갈 의지도 능력도 없었다. 따라서 위의 조사가 알려주듯이 토막민들 대부분은 토막의 주분포지, 즉 원래의 거주지 근방에서 당장의 철거를 피해 근거리 이동을 반복하고 있었던 것이다. 심지어 전국도시문제회의 일정의 하나로 시행된 돈암지구 토막촌에 대한 시찰에서 경성부 토목과 관료는 토막의 실태를 설명하면서 공사를 시작하기 위해 토막을 철거하면 아직 공사가 시작되지 않은 바로 옆 지대에 다시 토막을 짓고 사는 것이 문제라고 말한다.

이 시기 철거에 대응한 토막민들의 전형적인 주거 이동의 모습은 19세기 중반 유럽 도시에서의 상황과 유사하다. 1850년 프랑스에서는 도시 하층 노동자들의 주거 개선을 모토로 슬럼가 재개발법안이 제정되었다. 그러나 이 법안에 따라 '우선' 철거가 시행되었을 때, 경제적 여력이 없는 노동자들은 경찰의 눈을 피해 당장 철거의 손길이 미치지 않는 슬럼가를 전전할 수밖에 없었던 것이다.

실질적으로 토막민들에게 1930년대 후반 도시계획의 시행은 이전까지 일정하게 유지하고 있었던 생활의 '안정성'을 파괴하는 결과를 가져왔다. 1939년 4,292호, 20,911명으로 조사된 토막민의 수는 1940년 7,303호, 34,316명으로 크게 증가했으며 1942년에는 7,426호, 37,026명으로 비슷한 수준을 유지하고 있음을 볼 수 있다. 이렇게 토막민들은 아무런 생활의 개선을 수반하지 않는 이동을 반복하면서 오히려 그 수가 증가하고 있었다.

주택문제의 심화와 공공주택 건설

'주거 대책'이라는 차원에서 경성시가지계획은 초기 돈암지구와 같은 성과도 있었지만, 전반적으로 기대에 크게 못 미치는 수준이었다. 이와 더불어 빈민 주거 문제의 해결에서도 성공적이지 못했다. 이것은 일차적으로 전시라는 객관적 상황 때문이기도 했지만, 전쟁 동원 정책의 '역설적' 결과로 환기된 '사회적 공공성'의 개념이 끝내 '사유제'의 문턱을 넘어서지 못한 탓이기도 했다.

이러한 가운데 1930년대 말~1940년대 초 경성지역의 주거 문제는 이전의 상황을 넘어서 매우 심각한 수준에 이르고 있었다. 그것은 우선 인구압 때문이었다. 1936년 행정구역 확장 당시 700,000명에 미치지 못했던 경성인구는 1940년 935,464

명에 이르렀으며, 1942년 7월 조사에 따르면 일시 부재자와 임시 편입자를 제외하고도 1,096,199명에 달했다. 바야흐로 '백만 대경성'이 실현되었던 것이다. 하지만 그것은 누구도 예측하지 못한 '사태'였다.

1930년대 후반 경성인구의 격증은 1930년대 초와도 구분되는 가히 '인구폭발'이라고 할만한 현상이었다. 인구격증의 일차적 요인은 두말할 나위 없이 공업화에 따른 노동력 수요의 증가에 있었다고 할 수 있다. 그러나 이 시기 경성인구의 격증은 이러한 이유만으로 설명하기 어려운 점이 있다. 사실 공업화의 '객관적' 수준이 이 정도의 인구격증을 가져올만한 정도였다고 보기는 어렵다.

오히려 공업화, 도시화가 인근 농촌지역에 미친 '심리적' 영향을 고려해 보아야 한다. 일례에 불과하기는 하지만 경기도 안성군을 대상으로 한 사례 연구(이기봉, 1996)에서 이 시기 20대였던 사람들에 대한 인터뷰 조사에 따르면 조사대상자들 대부분은 당시 경성이나 인천 등 인접 대도시에 대해 "살기에 불안정한 곳"이지만 "능력에 따라 고향보다 잘 살 수 있는 곳"이라고 인식하고 도시로의 진출을 지향하고 있었다. 물론 이 부분에 대해서는 더욱 세밀한 조사가 필요하겠지만, 이러한 심리적 요인을 고려하지 않고는 이 시기 경성지역의 인구격증을 설명하기 어렵다.

여하튼 이러한 인구폭발 속에서 심각한 문제로 대두한 것은 주택난이었다. 이 시기 경성지역의 주택난은 사실 특정한

계층만의 문제가 아니라 총체적인 성격을 띠고 있었다. 예컨대 1940년 총독부 통계에 의하면 경성지역의 주택부족수는 조선인 38,345호, 일본인 4,206호 등 합계 42,551호로 집계되었다. 이는 전체 세대의 약 1/5에 달하는 수치였다. 일본인의 경우만 보아도 사정이 썩 좋지 않았음을 알 수 있다. 또 1941년 2월 총독부 경무국에서 총독부, 경기도, 경성부의 직원들을 대상으로 한 조사에서도 차가인(借家人)은 약 60%나 되었다. 당시 통치기구의 근무자라면 가장 생활이 안정된 부류인데도 이런 정도였던 것이다.

위 통계에서 상당한 정도의 생활능력을 갖춘 사람들조차 주택문제로 고통 받고 있었을 가능성을 읽을 수 있다. 기실 이 점은 일차적으로 공업화에 따른 인구격증을 정확하게 예측하지 못한 시가지계획의 최초 구상이 가진 기술적인 문제였다. 『경성시가지계획결정이유서』에 따르면 1921~1933년 인구증가추세를 토대로 계산한 시가지계획 목표인구는 1965년의 1백10만 명이었다. 그런데 1942년에 벌써 인구는 1백만 명을 돌파해 버렸던 것이다. 일제 관료들조차 시가지계획의 목표인구는 "급격한 산업발달에 따른 인구증가의 대전환을 고려하지 못한 것"(京城商工會議所, 1937)이라고 평가했다. 이렇게 애초 문제가 있었던 데다가 시가지계획사업의 지연 및 토지소유자들의 매매 기피 현상 등이 겹쳐 택지 공급이 제대로 이루어지지 않으면서 경성지역의 주택난은 더욱 가중되었다.

총독부가 최초로 도시주택난에 대한 고려를 밝힌 것은 1938

년 9월 시국대책조사회에서 의제의 하나로 '주택의 공급, 개선을 도모할 것'을 결정하면서부터였다. 이는 이듬해 7월 정무총감을 위원장으로 한 총독부 주택대책위원회를 설치하는 것으로 이어졌다. 이 과정에서 주목되는 것은 주택문제에 대한 식민권력의 인식이다. 1939년 6월 오노(大野錄一郎) 정무총감은 주택대책위원회 설치에 대한 담화에서 "각 시가지계획 구역내의 주택문제를 해결하고 대륙병참기지로서의 사명에 따른 생산력확충과 노무사들의 노동력 보존을 위한 수택난 완화 대책 수립을 위해 본부에 주택대책위원회를 설치"(『매일신보』, 1939.6.6)하게 되었다고 말했다.

이를 통해 생산력 확충을 위한 노동자들의 노동력 보존이라는 문제가 총독부 주택대책 수립의 전제가 되었음을 알 수 있다. 이는 이 시기 일본에서 '노동력 유지, 재생산의 장으로서의 주택'이라는 관점이 대두하면서 국가가 도시의 주택난과 지가폭등 등을 해결하기 위해 적극 나서게 되는 과정과도 상통하는 것이었다. 일본정부는 대체로 1937년 중일전쟁 발발 이후 자국의 노동자 주택문제를 '생산력 증강'이라는 관점에서 접근하기 시작하여, 1939년에는 노동자주택 공급 3개년 계획, 주택대책요강 등이 각의에서 결정되었다.

이러한 식민본국의 정책적 흐름과 동일한 기조 하에서 설치된 주택대책위원회는 먼저 각 지방에 주택부족수의 정확한 조사 및 그 대책 입안을 지시했다. 이에 경성부는 사유지를 대상으로 한 구획정리의 한계를 극복하고자 부유지(府有地)를 택지로 개방하기로 결정했다. 이에 따라 총독부에 택지 조성 사업을 하겠다고 상신한 지구들이 바로 세민지구인 전농지구와 함께 결정된 상도, 금호, 신촌지구 등이었던 것이다.

비록 세민지구 설정은 좌절되었지만 일반 택지조성지구인 위 세 지구의 사업은 총독부의 인가를 받아 360만 원의 기채를 발행하는 등 순조롭게 추진되었다. 경성부에서는 1940년 3월 택지조성 공사의 시작과 더불어 구획정리사업과는 달리 택지의 개인분양을 불허하고 회사, 공장, 각 관공서의 공제조합 등을 통해 택지를 분양하겠다는 원칙을 발표하고 예약접수를 받기 시작했다. 더불어 총독부도 같은 해 9월 "개인적인 주택건축을 제한하고 택지조성사업지에 건설할 주택을 위한 자재 확보를 용이하게 하기 위해"(米澤直治, 1940) 각종 주택건설용 자재들을 각 도 주택대책위원회의 관장 아래 공급하도록 한 주택건설용자재배급요강을 발표하여 이 사업을 지원했다.

1941년 들어서 경성부는 부내 관공서, 회사, 공장, 은행 등에 주택이 필요한 직원 수를 조사, 보고하라는 통첩을 발하고 경기도 주택대책위원회와 협의하여 자재 3천 호 분량을 확보하는 등 택지분양을 위한 준비를 시작했다. 그러나 경성부의 예상과는 달리 택지분양 신청은 매우 부진했다. 이러한 현상은 1942년 들어서도 변하지 않았다. 이는 기본적으로 회사, 공장 등이 별다른 보조 없이 직원용 주택을 건축할 여력이나 의지가 없었기 때문이다. 또한 경성전기 같은 회사에서는 수지를 장담할 수 없다는 이유로 택지조성지구까지 전차나 버스 노선의 연장을 거부했다. 여기에서도 자본의 '사익 추구'와 식민권력의 '공공적 동원'이 충돌하고 있음을 확인할 수 있다. 그리고 이 근본적인 충돌에서 식민권력의 통제력은 한계를 보이고 있었다. 경성부는 계속해서 "회사, 대공장 등은 솔선하여 노무자주택을 지으라"(『매일신보』, 1942.5.15)는 통첩을 발했지만, '솔선'하는 모습은 어디에서도 찾을 수 없었다.

결국 경성부는 조성된 택지를 소화하기 위해 1942년 5월부터 집단 분양 원칙을 포기하고 일반에도 택지를 분양하기로 결정했다. 그러나 이는 때늦은 결정이었다. 이미 개인적인 건축은 어려워진 상황이었고, 택지분양은 부진을 면하지 못했기 때문이다. 총독부도 이러한 방식으로는 도저히 주택난 해결이 불가능함을 깨닫고, 1941년 초부터 이른바 "최후의 통제적 수단"을 준비하기 시작했다. 그것은 "택지공급과 자재배급을 넘어서 주택의 건설과 분양까지 담당하는 공영기구의 설립"(大賀郁夫, 1943)이었다.

총독부는 일본의 경우를 모방하여 이른바 "생산력 확충을 위해 노력하고 있는 노무자 및 중류 이하 봉급생활자들을 위한 중소주택의 건설"(磯崎廣行, 1941)을 목표로 조선주택영단(朝鮮住宅營團, 대한주택공사의 전신)의 설립을 결정했다. 일본에는 1923년 관동대지진 복구를 위해 설립된 동윤회(同潤會)라는 공영주택건설기구가 일찍부터 있었지만 정부의 정책 부재와 재정난 속에서 그 활동은 미미했다. 그러던 중 1940년 전후 본격적인 주택대책 수립에 나선 일본정부는 1942년 5월 동윤회를 흡수하여 일본주택영단을 설립했던 것이다. 각 지역별로 주택건설계획을 수립하는 등의 준비를 마친 조선주택영단도 일본과 거의 같은 시점인 1941년 7월 정식으로 업무를 개시했다.

주택영단의 사업비는 총독부가 1941~1944년 총 8백만 원의 자본금을 불입하고 그 열 배인 8천만 원 어치의 주택채권을 발행하기로 했다. 이것을 일본 대장성 예금부와 조선내 은행들로 구성된 금융단, 조선간이생명보험 등에서 인수하여 주택영단은 1943년 3월까지 29,769,807원의 자금을 조달했다. 주택영단의 자금조달 상황은 일제가 이 사업에 상당한 신경을 쓰고 있었음을 보여준다. 적어도 1943년 초까지의 상황만 보더라도 총독부의 자금이 투입되고 이를 기반하고 일본 대장성에서 거액의 자금이 이 사업에 흘러 들어오고 있었던 것이다.

주택영단은 먼저 체계적인 주택의 건설과 공급을 위해 평수에 따라 미리 주택의 형을 갑(20평), 을(15평), 병(10평), 정(8평), 무(6평)의 다섯 가지로 정하고, 15평 이상은 완전 일본식, 10평 이하는 절충식(다다미방+온돌방)으로 설계했다. 이렇게 미리 주택형을 설계해 놓고 그에 따라 동일한 형태의 주택을 건축하는 방식은 조선에서는 최초로 시도되는 것이었다. 또한 주택형으로 미루어 보아, 15평 이상은 일본인용, 10평 이하는 조선인용으로 예정되었음을 알 수 있다.

그런데 이상의 상황만 보면 주택영단사업은 공식적으로는

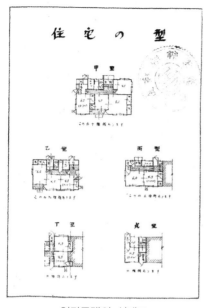

영단주택의 설계도.

경성시가지계획과 별 관계가 없는 사업임을 알 수 있다. 하지만 실제로는 그렇지 않았다. 양자의 관계는 주택영단사업의 사업지 선택을 보면 드러난다.

설립과 더불어 주택영단은 경성에 2,700호의 주택건설을 결정하고 돈암지구 10만여 평, 영등포지구 8만여 평, 대현지구 5만여 평, 번대지구 10만 8천여 평, 한남지구 5만여 평, 신촌지구 7만여 평, 금호지구 13만여 평, 상도지구 13만여 평 등 토지구획정리지구 및 택지조성지구들에서 합계 72만여 평의 부지를 주택건설가능지로 결정했다. 경성 이외의 지역에서 조사된 주택건설가능지는 전국 합계 8만여 평에 불과했다. 따라서 주택영단사업은 현실적으로 경성시가지계획과 연관될 수밖에 없었던 것이다.

주택영단은 그 설립목적에 맞춰 영등포공업지역의 배후주택지인 번대구획정리지구의 번대방정, 도림정 및 상도택지조성지구의 일부 지역 6만 5천여 평을 일차 사업지구로 결정하고, 1941년 말부터 공사를 시작했다. 1942년 8월 첫 준공식을 가질 수 있었으며, 11월 말부터는 완공된 1,041호에 대한 주택분양신청을 받기 시작했다. 분양신청자들의 직업을 조사한 자료에 따르면 영등포의 공장에 직장을 가진 사람들이 다수였고, 일부 도심부의 관공서, 회사, 은행 등으로 출퇴근하는 사람들도 끼어 있었다.

주택영단은 1943년 초까지만 해도 이들 지구에 주택건설을 계속한 결과 같은 해 6월 30일 총 1,809호의 주택을 준공했다. 이것은 현재 확인 가능한 주택영단의 마지막 준공 기록이기도 하다. 여하튼 전쟁이 한창인 당시 상황에서 이 정도의 '노동자 주택'이 건설되고 있었다는 사실이 놀라울 수도 있다. 하지만 이 정도로 대략 4만여 호 이상에 달하는 경성의 주택난을 완화, 해결하는 것은 어림없는 일이었다.

게다가 1943년이라는 시점에 태평양전쟁은 결정적인 분수령을 넘어가고 있었다. 서전 승리의 여세를 몰아 승승장구하며 개전 6개월 만에 태평양 전역의 광대한 지역을 점령한 일본은 1942년 6월 미드웨이해전에서 참패하고, 1943년 2월 과달카날섬 철퇴를 기점으로 급속히 패전국면으로 접어들었다. 이 무렵부터 일본의 전쟁 수행 양상은 '무한정 소모전'의 성격을 띠게 되며, 본토와 식민지를 막론하고 민중생활의 궁핍은 급속히 심화되었다.

대략 이 시점을 기점으로 일제의 전쟁 동원 정책은 생산력 확충을 위한 일정한 투자와 기반 조성에 의한 '증산을 통한 동원'에서 물자 수탈, 인력 동원 등 잉여창출기구의 절대적인 파괴에 의한 '내핍을 통한 동원'으로 전환되었다.

이러한 상황에서 경성의 주택난 같은 것은 '한가한' 일에 불과했다. 1943년 하반기부터는 총독부도 철강을 사용하는 건축은 물론 대부분 목조인 주택건설에 대해서도 "전력증강에 요급(要急)하지 않은 신축의 일체 불허" 방침을 분명히 했다. 이 무렵 기술자들 대부분을 군에 차출당한 주택영단은 "유리 대신 셀로판지로 창문을 바르고 철근 대신 밧줄을 감은 대나무를 사용하는 등" 조잡한 가건물 수준의 노동자 합숙소를 건설하는 것 외에 실질적인 사업은 진척시킬 수 없었다(대한주택공사, 1992). "불편함을 인내함은 결전하 임무다. 대동아전쟁을 싸워 이기기 위해서는 주택에 있어서도 기와가 없으면 골과 밀집으로 지붕을 이으며 모든 괴로움을 참고 최저한도의 생활을 해야 한다"(『매일신보』, 1943.7.1)고 한 1943년 7월 타나카(田中武雄) 정무총감의 기자회견은 '내핍의 동원'의 노골적인 표현이었다.

이는 총괄적으로 말하면 경성시가지계획 전체의 종료를 뜻하는 것이었다. 1943년 초 이후 1기 사업 도로망 부설의 진척을 찾아볼 수 없는 것도 이러한 맥락에서 이해할 수 있다. 일본 제국주의의 '힘'은 이제 궁극적인 한계에 도달했던 것이다.

나오며

　1930년대 식민지 조선에서의 도시계획은 일반적인 도시계획의 계기가 되는 도시 유산층의 자생적 요구의 발현이 아니라 식민 본국의 독점자본 진출이나 대륙침략과 같은 '제국의 이해관계'에서 출발했고, 결국 그 이해관계의 소진에 따라 좌초했다. 이는 식민지에 근대적 제도가 도입되고 실현되는 과정이 식민 권력에 의한 '이식'임을 보여준다.

　1930년대 도시계획의 핵심적 부분이었던 경성시가지계획은 분명 여러 가지 물리적 결과를 남겼다. 서울은 역사상 최초로 대규모로 확장되었으며, 체계적으로 도로망이 구축되었고, 공장지와 주택지가 새롭게 형성되었다. 그러나 또 한편으로 도로공사나 구획정리사업이 중단된 토지들은 해방과 더불어 모든 통제가 정지되면서 토지 이용이나 소유관계에서 걷잡을 수 없는 혼란 속으로 빨려들어갔고, 훗날 도시계획이 재개되었을 때 여전히 법적, 경제적 부담으로 남았다. 대부분의 구획정리 사업은 1960년대까지 계속되었으며, 심지어 청량지구나 신당지구의 경우에는 1986년에 와서야 환지처분, 촉탁등기 등 구획정리를 마무리 짓는 법적 조치를 끝낼 수 있었다.

그러나 그 보다 더 중요한 것은 '경험'이었다. 지금까지 살펴본 바와 같이 당시 경성시가지계획에서는 도시계획 과정에서 발생할 수 있는 거의 모든 문제들이 발생했으며, 경성 주민들은 그 '첫 경험자'가 되었다. 그런데 그들이 경험한 것은 이해관계의 대립과 충돌, 합의와 조정이라는 도시계획의 지역정치가 아니라 도시계획의 방향 설정, 시행과정에서의 소유권 제한이나 비용 징수 문제, 빈민층의 주거 박탈 등 언제든지 폭발할 가능성이 있는 여러 문제들을 '국익'의 이름으로 '봉쇄'하는 관행이었다.

식민지 경험은 반성의 여지없이 지배담론으로 자리를 잡았다. 개발독재와 고도성장의 시대를 거치며 우리가 쌓아올린 근대화의 바벨탑은 이렇게 식민지 경험에 바탕한 것이었다. 일본학자 와타나베 준이치는 해방 후 한국도시계획은 "식민지기의 것을 계승한 힘의 도시계획"으로서 이를 통해 한국은 "일본보다도 기쁜 성과를 올렸다"고 말했다(渡辺俊一, 1993). 또 한국도시계획사 연구의 선구자인 손정목은 현대 한국 도시계획의 실상을 "일제가 남기고 간 계획의식, 계획수법이 부지

불식간에 오늘날에 계승되고 있는 슬픈 현실"(손정목, 1990)이라고 지적했다.

언뜻 두 사람의 이야기가 서로 다른 것처럼 들리지만, 결국 같은 이야기임은 두말할 필요가 없을 것이다. 그렇다면 식민지 유산의 청산이란 '어제의 문제'가 아니라 '오늘의 문제'일 수밖에 없다. 미래를 아직 오지 않은 과거가 아니라 과거를 넘어선 미래로 만드는 것은 '그들의 몫'이 아닌 '우리의 몫'이기 때문이다.

주

1) 이명박 시장 당선 이후 숨 가쁘게 전개된 각종 사업들을 생각해 보자. 제일 먼저 청계천 복원사업이 있다. 사실 제대로 된 '복원'이 아니라 또 하나의 인공하천 '건설'이라는 비판도 있지만, 여하튼 이 사업의 명분은 식민지기부터 복개되기 시작한 청계천의 '옛 모습'을 되찾자는 것이다. 이른바 강북 뉴타운 건설이라는 것도 그렇다. 미리 이야기해두자면 이 사업의 대상이 되는 지역들의 상당수는 1930~1940년대 경성시가지계획을 통해 개발된 지역들로서, 이제 반세기가 지나 게토화되었고 재개발 대상으로 떠오른 것이다. 사업 자체의 적실성 여부와 관계없이, 이 사업 역시 서울도시계획의 역사가 하나의 반환점을 돌고 있음을 보여준다.

2) 과거 오랫동안 식민지기를 바라보는 관점은 "일제는 한국의 근대화를 저지하고, 인적·물적 자원을 수탈했다"는 이른바 '식민지수탈론'이었다. 수년 전부터 여기에 강력한 도전장을 내민 것이 최근까지 논란을 빚고 있는 이른바 '식민지근대화론'이다. 양자의 논쟁이 전개되는 가운데, 논쟁을 넘어서 합리적 대안을 모색하려는 견해들도 제기되었다. 식민지기 근대화의 보편성을 인정하면서도 그 식민지적 특성에 주목하려는 견해, 푸코류의 논의에 기대어 근대성 자체의 억압적 측면에 주목하려는 견해, '전지구적' 근대 형성의 일부로서 식민지를 바라보려는 견해 등이 그것이다. 필자는 적어도 도시계획의 경우, 식민지라는 상황에서도 흐트러짐 없이(?) 전개된 '자본주의적 근대'의 측면이 크다고 생각한다. 그럼에도 불구하고 '식민지'와 '식민지 아닌 나라' 사이에 어떤 차이가 있었음은 분명하며, 그 차이의 '구체적' 내용을 찾아내는 것은 역사학의 포기할 수 없는 작업이라고 생각한다.

3) 이 시기 서울 도시개조사업의 주체를 고종으로 보는 견해(이태진, 1997)와 박정양, 이채연 등 친미개화파로 보는 견해(한철호, 1999)가 있다. 양자의 견해 모두 일리가 있으나, 적어도 도시개조사업의 실무자들이 고종의 의지에 반하여 사업을 추진했다고 보기는 어렵다. 또한 당시 친미개화파 인사들이

대표적인 근왕세력의 하나였다는 점에서 양자의 견해를 지나치게 대립적으로 볼 필요는 없을 듯 하다.

4) 이러한 대한제국의 개혁사업과 고종의 정치적 지향을 어떻게 평가할 수 있을까? 이 문제는 2004년, 현재에도 치열한 논쟁이 벌어지고 있을 만큼 어려운 문제이다. 다만 서울 도시개조사업이라는 측면에 한정해 보자면, 그 내용은 어떻게 보아도 '근대지향적'인 것임에 틀림없으며, 백번 양보해도 '과거회귀적'이라고 볼 수 없다는 점을 지적해 두고자 한다.

5) 이와 더불어 병합 초기 서울의 행정구역이 축소되었음을 지적해두어야 하겠다. 조선시대 서울은 보통 4대문 안(도성)과 이른바 성저 10리를 포함한 구역이었다. 그런데 총독부는 1914년 전국행정구역을 일제 정비하면서 서울의 행정구역도 4대문 안의 도심부와 일본인 거류지였던 용산으로 축소시켰다. 그 결과 '경성부'는 기형적인 '땅콩형' 도시가 되었으며 이 행정구역은 1936년까지 유지되었다.

6) 조선의 도시계획법령이 '도시계획령'이 아니라 '시가지계획령'이라는 이름을 갖게 된 이유는 무엇일까? 이에 대해서는 식민당국자들이 식민지 조선의 도시를 온전한 도시가 아니라 작은 시가지 정도로 취급하여 법의 명칭을 이렇게 붙였다는 견해(손정목, 1990)도 있지만, 뒤이어 같은 식민지인 대만에서 대만도시계획령(1936)이 제정된 것을 보면 이 견해는 약간 설득력이 떨어진다. 이 문제도 앞으로 다른 방증자료들을 더 조사해 보아야 할 문제이다.

7) 토지구획정리란 농촌의 경리정리를 도시개량에 원용한 것으로 토지 소유자들이 조합을 결성하여 일정한 지구 내의 가락을 바르게 하며 필요한 공공시설물을 축조하여 효용성 높은 택지를 조성하는 사업을 말한다. 구획정리는 토지소유권의 이동 없이 '감보(減保)'와 '환지(換地)'의 방법을 통해 상호 소유권을 '교환'하는 방식으로 진행하는 것이기 때문에 원칙적으로 행정청이 주도하는 토지수용과 달리 지구내 토지 소유자들의 '자주적인' 합의가 중요하며, 초기 용지비가 들지 않는다는 특징이 있다. 지금도 일본에서는 소규모 도시개량 기법으로 사용되고 있으며, 한국에서도 1970년대까지 택지 개발에 광범위하게 활용되었다.

8) 서구 지방계획론은 1929년 미국의 뉴딜과 같은 국가 주도의 대규모 국토개발을 통한 대공황의 극복 과정에서 국토계획론으로 발전했다. 이 시기 자본주의 선진제국에서 일반화된 국토계획론은 다시 미국, 영국, 프랑스 등의 '상향식 진흥조정주의적 계획'과 독일, 일본 등의 '하향식 통제주의적 계획'으로 나뉘었다. 특히 일본의 경우, 1940년대에 가면 국토계획론은 '고도국방국가론'이라는 철저한 '전쟁동원론'으로 전개되기도 했다.

9) 강상중의 "식민지의 근대의 실험실"이라는 말을 연상시키는 식민관료들의 이러한 생각은 곳곳에서 찾아볼 수 있다. 예컨대 1930년대 만주국 도시계획에 대해 타카야마(高山英華, 만주국 국도건설국 촉탁, 전후 일본건축학회장 역임)라는 인물은 훗날 "말하자면 국내에서 할 수 없는 것을 알제리에서 해본다던가 하는 그러한 느낌"(越澤明, 1978)이었다고 회고했다.

10) 전국도시문제회의는 1928년부터 일본 내 각 도시를 순회하면서 격년제로 각 지역의 도시계획 관련 관료들과 지방의회 의원들이 모여 개최한 일종의 학술회의였다. 이 회의가 1938년에는 행정구역 확장과 시가지계획 시행을 '기념'하여 경성부에서 개최되었던 것이다.

참고문헌

「永登浦邑の京城合併反對」, 『朝鮮と建築』, 1935.7.

「大京城の道路整備計劃」, 『京城土木建築業協會會報』, 1938.10.

京城府, 『京城都市計劃調査書』, 1928.

京城府, 『京城府都市計劃要覽』, 1938~40.

京城府, 『京城府通常府會及各敎育府會會議錄』, 1941~42.

京城商工會議所, 「躍進京城の都市計劃の現狀及將來」, 『經濟月報』, 1937.5.

京城帝國大學 衛生調査部, 『土幕民の生活衛生』, 1942.

高木春太郎, 「朝鮮に於ける土幕民に就て」, 『區劃整理』, 1938.10.

高木春太郎, 「京城府に於ける土地區劃整理の狀況」, 『都市計劃の基本問題』 下, 1939.

根岸情治, 「都市漫談」, 『朝鮮及滿洲』, 1940.9.

磯崎廣行, 「朝鮮住宅營團に就て」, 『朝鮮社會事業』, 1941.10.

大賀郁夫, 「朝鮮に於ける住宅問題槪觀」, 『朝鮮社會事業』, 1943.1.

米澤直治, 「住宅建設用資材の配給に就て」, 『朝鮮と建築』, 1940.11.

朴吉龍, 「住宅建築의 畸形的 傾向」, 『朝光』, 1935.11.

飯沼一省, 『地方計劃論』, 1933.

飯沼一省, 『都市計劃』, 1934.

白寬洙, 『京城便覽』, 1929.

勝原亨三, 「綠地地域と風致地區に就て所見」, 『朝鮮土木會報』, 1942.7.

李光洙, 「京城 二十年間變遷」, 『開闢』, 1922.6.

李如星·金世鎔, 『數字朝鮮硏究』, 1935.

長尾仟, 「京城府廳舍新築の追憶」, 『京城彙報』, 1927.1.

長鄕衛二, 「京城府の都市計劃に就て」, 『朝鮮工業協會會報』, 1937.4.

全國經濟調査機關聯合會朝鮮支部, 『朝鮮經濟年報 昭和十五·十六年板』, 1942.

朝鮮住宅營團,『朝鮮住宅營團の概要』, 1943.

朝鮮總督府,『京城市街地計劃決定理由書』, 1937.

朝鮮總督府,『朝鮮土木事業誌』, 1937.

朝鮮總督府,『都市計劃槪要』, 1938.

酒井謙治郎,「都計上から見た新廳舍」,『京城彙報』, 1927.1.

池森義光,「朝鮮都市計劃の沿革槪觀」,『朝鮮土木會報』, 1942.9.

榛葉孝平,「朝鮮に於ける都市計劃の特異性」,『第六回總會要錄』, 1939.

坂本嘉一,『朝鮮土木行政法』, 1939.

八甫,「서울雜記帳」,『朝光』, 1943.1.

대한주택공사,『대한주택공사삼십년사』, 1992.

『東亞日報』,『朝鮮日報』,『每日新報』,『朝鮮總督府官報』

Leonardo Benevolo, *Le Origini dell'urbanistica moderna*, 1963 ; 장성수·윤혜영 옮김,『近代都市計劃의 起源과 유토피아』, 태림문화사, 1996.

Peter Hall, *Cities of Tomorrow : An Intellectual History of Urban Planning and Design in the Twentieth Century*, 1994 ; 임창호 옮김,『내일의 도시—20세기 도시계획지성사』, 한울, 2000.

강만길,『일제시대빈민생활사연구』, 창작사, 1987.

강상훈,『일제강점기 근대시설의 모더니즘 수용』, 서울대 건축학과 박사논문, 2004.

김경일,「일제하 도시빈민층의 형성」,『한국의 사회신분과 사회계층』, 문학과지성사, 1986.

김의원,『한국국토개발사연구』, 대학도서, 1982.

김정동,『한국근대건축의 재조명』, 목원대 건축학과 건축근대사연구실, 1987.

김제정,「일제 식민지기 경성지역 전기사업과 부영화 운동」, 서울대 국사학과 석사논문, 1999.

권태억,「근대화, 동화, 식민지유산」,『한국사연구』108호, 2000.

류준범, 「1930년대 경성지역 공장노동자의 구성」, 서울대 국사학과 석사논문, 1994.

박세훈, 「1920년대 경성도시계획의 성격」, 『서울학연구』 15호, 2000.

박형용, 「한국의 근대도시계획 형성」, 『공간과 사회』 9호, 1997.

서울학연구소편, 「신현경 할머니의 생애사」, 『주민생애사로 본 20세기 서울 현대사』, 서울학연구소, 2000.

서현주, 「일제의 지방행정구획 개편의 내용과 성격」, 『한국문화』 33, 2004.

손정목, 『일제강점기도시계획연구』, 일지사, 1990.

손정목, 『일제강점기도시사회상연구』, 일지사, 1996.

손정목, 「식민지도시계획과 그 유산」, 『서울 20세기 공간변천사』, 서울시정개발연구원, 2001.

송인호, 「도시형한옥의 유형연구」, 서울대 건축학과 박사논문, 1990.

신주백, 「박람회」, 『역사비평』 67호, 2004.

염복규, 「1933~43년 일제의 '경성시가지계획'」, 『한국사론』 46호, 2001.

염복규, 「일제 말 경성지역의 빈민주거 문제와 시가지계획」, 『역사문제연구』 8호, 2002.

이경수, 「일제시기 경성부의 가로정비계획에 의한 가로변화에 관한 연구」, 연세대 건축공학과 석사논문, 1991.

이기봉, 「일제시대 말기 도시화, 공업화에 대한 농촌주민들의 적응과정에 관한 연구」, 서울대 지리학과 석사논문, 1996.

이태진 외, 『서울상업사』, 태학사, 2000.

이태진, 「1896~1904 서울 도시개조사업의 주체와 지향성」, 한국사론 37호, 1997 ; 「대한제국의 서울 황성 만들기」, 『고종시대의 재조명』, 태학사, 2000 재수록.

전우용, 「대한제국기~일제초기 서울 공간의 변화와 권력의 지향」, 『전농사론』 5호, 1999.

전우용, 「서울이야기」, 한국역사연구회 웹진(www.koreanhistory.org), 2004.

최혜림, 「사랑의 수족관에 나타난 일상성의 의미 고찰」, 『민족문학사연구』 25호, 2004.

한철호, 「대한제국 초기 한성부 도시개조사업과 그 의의」, 『향토서울』 59호, 1999.

한국건축가협회, 『한국의 현대건축』, 1994.

홍성태, 「서울시 공간정책 비판」, 『문화과학』 39호, 2004.

越澤明, 『植民地滿洲の都市計劃』, アセア經濟硏究所, 1978 ; 장준호 옮김, 『중국의 도시계획』, 태림문화사, 2000.

越澤明, 『東京の都市計劃』, 岩波書店, 1988 ; 윤백영 옮김, 『동경의 도시계획』, 한국경제신문사, 1999.

本間義人, 『住宅-産業の昭和社會史』, 日本經濟評論社, 1987.

渡辺俊一, 『都市計劃の誕生』, 自治體硏究社, 1993.

橋谷弘, 『帝國日本と植民地都市』, 吉川弘文館, 2004.

강상중, 이경덕 옮김, 『오리엔탈리즘을 넘어서』, 이산, 1997.

큰글자 살림지식총서 158

서울은 어떻게 계획되었는가

펴낸날	초판 1쇄 2019년 3월 1일

지은이	염복규
펴낸이	심만수
펴낸곳	(주)살림출판사
출판등록	1989년 11월 1일 제9-210호

주소	경기도 파주시 광인사길 30
전화	031-955-1350　팩스　031-624-1356
홈페이지	http://www.sallimbooks.com
이메일	book@sallimbooks.com

ISBN	978-89-522-4037-8　04080
	978-89-522-3549-7　04080 (세트)

※ 이 책은 큰 글자가 읽기 편한 독자들을 위해
　글자 크기 14포인트, 4×6배판으로 제작되었습니다.